中原记忆丛书

曹魏故都 许昌

总主编 赵素萍
执行主编 苏长青
本册主编 李争鸣 马炎心

河南科学技术出版社
·郑州·

图书在版编目（CIP）数据

曹魏故都：许昌 / 李争鸣，马炎心主编. — 郑州：河南科学技术出版社，2018.9

（记忆中原丛书 / 赵素萍主编）

ISBN 978-7-5349-9184-4

Ⅰ. ①曹… Ⅱ. ①李… ②马… Ⅲ. ①文化史－许昌 Ⅳ. ①K296.13

中国版本图书馆CIP数据核字（2018）第052216号

出版发行： 河南科学技术出版社

地址：郑州市经五路66号　　邮编：450002

电话：（0371）65737028　65788613

网址：www.hnstp.cn

策划编辑： 李喜婷　汪林中　冯俊杰

责任编辑： 李喜婷　陈海颜

责任校对： 牛艳春

责任印制： 张　巍

书籍设计： 赵　钧

排　　版： 蔡　凤

印　　刷： 河南博雅彩印有限公司

经　　销： 全国新华书店

开　　本： 787 mm × 1092 mm　1/16　**印张：** 15　**字数：** 225千字

版　　次： 2018年9月第1版　　2018年9月第1次印刷

定　　价： 99.00元

《曹魏故都——许昌》编委会

主　任： 徐相锋

副主任： 石明臣　卢新运

编　委： 付朝中　孟兆阳　刘　平　陈志远

马木旺　訾志远　韩　辉

主　编： 李争鸣　马炎心

副主编： 李俊涛　解淑云　刘俊民　牛书培

音频录制： 崔艳萍

不忘本来　开创未来

《诗经·小雅·吉日》曰："瞻彼中原，其祁孔有。"

中原，本意为天下至中的原野，后来逐渐演化为泛指黄河中下游地区，也称中土、中州、华夏。在某些特定的语境中，中原又是"中国"的代名词。

中原文化是中原地区、主要是河南省的物质文化和精神文化的总称。中原文化是中华文化的母体和主干，在漫长的中国历史中长期居于正统主流地位，中原文化一定程度上代表着中国传统文化。

河南人爱说"中"。一个"中"字，尽显中原文化的正大气象和源远流长。

中原这块沃土，不仅是东亚现代人类的主要起源地，而且自上古时期就形成了发达的农业文明，并率先跨过了"文明的门槛"。

从夏代到北宋的3 000多年间，先后有22个朝代、200多位帝王在河南建都。全国十大古都河南有其四。河南曾长期是全国政治、经济、军事、文化的中心，中国古代创造发明的中心，向全国和世界传播交流文明的中心。

中华文明丰富的文化景观、文化遗存、历史文物、文化典籍和艺术珍品在中原大地比比皆是，使河南如同一座浩瀚的历史博物馆，一本看得见、摸得着的中国历史文化教科书。河南的馆藏文物、国家历史文化名城和全国重点文物保护单位数量，均居全国前列。甲骨文在这里发现，四大发明与河南关系密切，连接东西享誉世界的丝绸之路从这里起步。

水有源、树有根、人有姓。河南是中国姓氏的重要发源地，依人口数量排名的100个大姓中，有70余个起源于河南。中华传统文化通过姓氏家族延续传承，跟随姓氏漂洋过海。"贵姓""仙乡何处"的寻常问候常常引起游子无限的乡思乡愁，也成为近年来河南根亲文化的"重头戏"。

天下名人，中州过半。在《二十四史》中，立传的名人共5 700余人，仅汉、唐、宋、明四个朝代，河南籍名人就达912人。在耳熟能详的文化圣人当中，出生于河南或长期在河南活动的近30位。谋圣姜太公、道圣老子、墨圣墨子、商圣范蠡、医圣张仲景、科圣张衡、字圣许慎、诗圣杜甫、画圣吴道子、律圣朱载堉，等等，都是中华文化发展史上的不朽丰碑。

中原文化门类齐全，博大精深。文学星空，河南人星光璀璨；武术杂技，少林太极称双雄；婚丧嫁娶，人生礼仪在斯；梆弦声里，地方戏风靡大河南北。洋洋洒洒，中原书风千载传承；丹青妙手，河南画苑代有佳作……

中原文化之于中华文化，就内容讲，是最基础、最基本的部分；就特点讲，是最具代表性的部分；就历史发展过程讲，是最具贯穿性的部分；就地域讲，是最具影响力的部分。中原文化具有根源性、原创性、包容性、开放性等诸多特质，开放与包容使得中原文化具有绵绵不绝的生命力与创造力。

中原地处“天地之中”、华夏腹地，九州通衢的独特地理位置决定了中原文化始终处于与外部文化的交流融合当中，这种交流与融合影响到中原文化的方方面面。

早在新石器时代，中原文化便成为推动中国境内各种文化交汇的强大动力，加快了中华文明的进程。

夏、商、周三代是中国历史上的重要时期，其时中原和周边地区交流融合、相互促进，奠定了中华文明形成和发展的基础。汉代，中外贸易频繁，形成了后人熟知的丝绸之路，洛阳成为丝绸之路的东方起点。隋唐时期，洛阳是当时的国际性大都市之一，成为了东西方文化、贸易交流和传播的中心。以开封为中心的北宋文化，以丰厚的底蕴、深邃的思想、恢宏的气势、绚丽的色彩，把中原历史文化推向高峰。唐宋之际，中原文化通过丝绸之路、大运河及海上丝绸之路跨出国门，影响波及亚洲乃至世界。

古往今来，无数中原的思想家，用自己的思考深刻地影响着历史的进程，成为中国思想文化的主干，并对世界文化产生了很大影响。西方许多杰出人物如伏尔泰、狄德罗、托尔斯泰等都曾受到《道德经》的影响。而在中原的腹地嵩山脚下，儒、释、道“三教合流”，经过千百年的融汇发展，儒、释、道三种文化已经深深熔铸在我们民族的生命力、凝聚力和创造力之中。

中华文化革故鼎新、生生不息的生命力，源于中华文化与周边文化持续不断的碰撞和融合。

梁启超先生曾指出，中原的中国经过秦汉一统，成为中国的中国；中国的中国经由与印度、日本等接触，成为亚洲的中国；近世以来，中国进入世界舞台，与欧美竞争，而成为世界的中国。

从世界范围来看，不同文明之间的碰撞与交流成为世界历史发展的主要动力；从中国范围内来看，中原文化与周边文化的互动奠定了中华文化的根基；从中原范围内来看，以嵩山周围为核心的河洛文化与周边文化的融合助推中原文化茁壮成长。

八方风雨会中州。目前河南共有18个省辖市，每个市都有其独特的文化，尤其是一些与外省接壤的省辖市，更是中原文化与周边文化交流碰撞的前沿。南阳的“楚风汉韵”、信阳的“豫风楚韵”久负盛名，三门峡与秦晋文化的交汇，安阳、鹤壁与燕赵文化的融通，濮阳、商丘与齐鲁文化的交融，周口、驻马店与江淮文化的互动，焦作、济源与三晋文化的交流等，都形成了地域文化的独特小环境。这些区域文化之间的开合、融通铸就了中原文化的生命力。

冠八枢而奠中原，得中原者得天下。

中原文化，出彩千年！

习近平总书记提出，让中原更加出彩。

河南在全面建成小康社会的快车道上，始终不忘提升中原文化的整体实力和影响力。从“加快文化资源大省向文化强省跨越”，到“加快建设文化强省”，再到“加快构筑全国重要的文化高地”，这种渐次提升既契合党中央关于强化文化发展的新理念、新思想、新战略，又体现了河南省委对文化建设的高度重视。

从中原崛起到建设经济强省，博大精深的中原文化始终是河南最为倚重的资源之一；从华夏历史文明传承创新区到全球华人精神家园和心灵故乡的打造，中原文化已经、正在，而且还将要以更加丰富多彩的形式、手段被挖掘、整理，传承和创新。

党的十九大报告指出：推动中华优秀传统文化创造性转化、创新性发展，继承革命文化，发展社会主义先进文化，不忘本来、吸收外来、面向未来，更好地构筑中国精神、中国价值、中国力量，为人民提供精神指引。

多年来，依托厚重的中原文化，河南的文史研究、新闻出版、广播影视等部门进行了卓有成效的工作，取得了丰硕的成果。经过充分调研，中共河南省委宣传部决定组织全省各省辖市市委宣传部编纂大型精品文化普及读物“记忆中原”丛书，一套19卷，分为《品读中原》以及18个地市卷。丛书围绕中原文化精华这条主线，选择各地文化经典和精要，系统梳理河南地域文化特色，全面展示中原文化风貌，讲好中原故事，传播中华文化，凝聚中国力量。“记忆中原”丛书作为一种融媒体出版物，融合多种媒体形式，书籍与文创产品并重，文化与旅游资源嫁接，这种创新的出版方式是中原文化更加出彩的一种生动体现，也为中原更加出彩提供精神力量。

天下中原，老家河南。

中原是一座“文化的活态博物馆”。河南堪称全球华人的根亲文化圣地。与其在远处仰望，不如到中原走访。真诚希望读者朋友能从书中感受到中原文化的魅力，更期望朋友们以这套丛书为“路标”，到河南走走，回老家看看。厚重河南欢迎您，壮美中原欢迎您。

“记忆中原”丛书编委会

2018年7月

序

徐相锋

许昌位于中原腹地，参与了中华文明肇造、发展的全过程。在这片热土上，无数的英雄人物在各个时期施展风姿，谱写了辉煌的历史篇章。

展示在我们面前的这本《曹魏故都——许昌》，较为客观、全面地总结了许昌的历史地位与发展成就。“要事回放”“名人扫描”“寻根问祖”“古城印象”等篇章，为我们展开了一幅幅绚丽多彩的颍许历史长卷；“名品荟萃”“‘非遗’概览”“城市名片”等篇章则着眼于继承与发展。一册在手，足可领略曹魏故都许昌文化的深厚，以及社会经济的实力与活力。

一方水土孕育一方文化，一方文化影响一方经济，造就一方社会。别具魅力的许昌地域文化，是源远流长的中华文化的有机组成部分，也为社会经济发展提供了强大的精神动力和智力支持。如何坚持传承与创新相协调，用新文化业态、新表现方式、新传播手段赋予许昌文化新生命、新魅力，进一步增强许昌文化的吸引力、感染力和影响力？如何进一步加快文化资源优势向文化发展优势转变，走出一条历史文化资源大市向文化强市跨越、文化促进经济社会发展的新路？不久前，许昌市《关于打造中原文化高地建设中原文化强市的实施意见》提出，到2020年，基本建成与经济社会发展水平相协调，与群众精神文化需求相适应的大文化发展格局，打造“一地、一城、一区、四特色”（全球三国文化旅游目的地、国家历史文化名城、国家公共文化服务体系示范区，以及钧瓷特色文化产业、生态休闲特色文化产业、工艺发制品特色文化产业、中医药特色文化产业），成为华夏历史文明传承创新区重要板块，中原文化高地基本形成，文化综合实力位居全省前列。

蓝图绘就，振奋人心。事在人为，也大有可为。我们将不断增加经济社会发展的文化含量，促进文化与科技、金融、旅游、信息、物流、建筑等深度融合，培育钧瓷、花木、发制品、传媒创意四大文化产业集群；大力挖掘许昌“五都四乡”特色优势，加强对三国文化、钧瓷文化等特色文化的研究保护和开发利用。

作为曹魏文化的中心区域，许昌正在打造以文化展示、旅游休闲、商业服务、特色居住为主要功能的汉魏文化古城，深挖三国文化元素，凸显曹魏故都特色，形成展示曹魏文化、古街古巷、水系环绕、古城新韵的盛景。在此基础上，我们将加强三国文化研究成果的转化利用，使许昌成为汉魏历史文化展示高地，成为国际三国文化旅游目的地。

“许昌携手尽时英。”当前，许昌处于转型发展的关键期、改革开放的机遇期、全面建成小康社会的决战决胜期，呈现出勃勃生机。让我们更好地展示许昌丰厚的文化旅游资源、优良的自然生态环境、日新月异的经济社会发展，期待更多的朋友走进许昌、了解许昌，携手共创美好明天。

（作者系中共许昌市委常委、宣传部部长）

目录

CAOWEI GUDU XUCHANG

谈古说今

——许昌，不仅仅是三国时的魏都 1

许昌许昌 许君以昌 …… 2
大禹封地 夏启都城 …… 6
许国沧桑 源远流长 …… 7
魅力颍川 三国胜地 …… 10
唐宋盛世 文昌艺精 …… 12
今日华彩 活力无限 …… 13
人文传统 许昌精神 …… 16

要事回放

——中原之中的历史拐点 21

许由牧耕在许地——中原之中的历史拐点 …… 22
夏启大飨诸侯于钧台——第一次国宴 …… 24
郑伯克段于鄢——争夺与亲情 …… 25
唐雎不辱使命——智勇双全保安陵 …… 26
鄢陵之战——晋楚争霸中原 …… 28
秦灭韩国设颍川——影响深远的行政区划 …… 29
曹操迎汉献帝都许——伟大的战略决策 …… 30
曹丕代汉称帝——一个新时代的开启 …… 32
周几焚许昌——许地中心的变化 …… 33
岳家军颍昌大捷——撼山易，撼岳家军难 …… 35
三峰山大战——蒙古灭金的决定性战役 …… 38
许昌抗日保卫战——共御外侮的民族壮歌 …… 40

名人扫描

——汝颍固多奇士　43

谋财谋国吕不韦 …… 44
法家代表韩非 …… 45
著名军事家张良 …… 46
智囊御史晁错 …… 47
颍阴侯灌夫 …… 47
增补《史记》褚少孙 …… 48
祭氏二雄遵和肜 …… 49
云台二十八将之王霸 …… 51
天下楷模李元礼 …… 53
荀氏三雄爽、彧、攸 …… 54
笑林鼻祖邯郸淳 …… 56
楷书之祖钟繇 …… 57
屯田都尉枣祗 …… 58
功高命短郭奉孝 …… 59
庾氏三杰亮、翼、冰 …… 60
辅政四朝褚蒜子 …… 63
文学评论家钟嵘 …… 64
天台宗创始人智顗 …… 65
书法名家褚遂良 …… 67
不谋私利崔知温 …… 68
犯颜直谏王求礼 …… 69
画圣吴道子 …… 70
新乐府运动倡导者王建 …… 71
楚国国王马殷 …… 72
政绩卓著的崔立 …… 73
清廉实干的程戡 …… 74
多才多艺的燕肃 …… 76
元代名医滑寿 …… 77
五朝元老马文升 …… 78
治黄专家姚继可 …… 79
铁面主事张蔚蓝 …… 80
抗英名将李燕标 …… 81

寻根问祖

——大树在这里萌芽　83

许姓扎根许昌地 …………………………… 84
方氏祖根在方山 …………………………… 86
中华望族颍川陈 …………………………… 88
钟姓两源在长葛 …………………………… 90
夏禹后代为夏姓 …………………………… 92
以封地为姓的褚姓 ………………………… 93
韩姓诞生古阳翟 …………………………… 94
康城走出的康姓 …………………………… 94
葛姓源自葛天氏 …………………………… 95
鄢姓始祖是求言 …………………………… 96

古城印象

——千年古城文化厚重　97

华夏第一都——禹州城 ……………………… 98
楷书鼻祖钟繇故里——长葛老城 …………103
周襄王奔走之地——襄县古城 ……………106
秦国最后统一的国都——鄢陵古城 ………109
中国钧瓷之都——神垕镇 …………………112
禹州古村落 …………………………………116

考古探秘

——拂去许昌历史的尘封　121

灵井遗址——“许昌人”在这里发现 ……… 122
具茨山岩画——史前文化的符号 …………… 123
石固遗址——叠压丰厚的文化层 …………… 125
瓦店遗址——夏早期城址 ……………………… 126
钧台钧窑遗址——宋代御用官窑 …………… 128
神垕钧窑遗址——钧瓷演变发展的见证 …… 130
寻找许都城——探索地下的奥秘 …………… 131
明藩周定王陵——阔比皇陵的墓穴 ………… 136
明藩徽王家族墓——一抔黄土徽王墓 ……… 137

胜景掠影

——许昌四季迎宾朋　139

鄢陵国家花木博览园——万紫千红争奇艳 … 140
禹州大鸿寨——许昌的“屋脊” ………………… 142
花都温泉度假村——温泉水润洗凝脂 ……… 144
钧官窑址博物馆——宋官窑实物见证 ……… 146
鄢陵五彩大地——鲜花铺成的地毯 ………… 148
曹丞相府——文韬武略藏帷幄 ………………… 149
春秋楼文庙——忠义千秋大节亭 …………… 151
灞陵桥——关公挑袍传千古 …………………… 153
逍遥观——崆峒山上“第一观” ………………… 157
天宝宫——元朝道庭有奇联 …………………… 159
文峰塔——明代砖塔之冠 ……………………… 161
紫云山——具茨山顶紫云绕 …………………… 162
首山乾明寺——黄帝问道七里店 …………… 164
曹魏故都水利风景区——水韵莲城诗意浓 … 166

名品荟萃

——赏心悦目的美器、美物、美食　169

禹州钧瓷——家有万贯，不如钧瓷一片 …… 170
许昌档发——美艳的顶上时装 …… 172
禹州中药材——药经禹州疗效灵 …… 173
河街腐竹——大豆加工出佳品 …… 174
长葛蜂产品——散似甘露凝如脂 …… 175
鄢陵蜡梅——鄢陵蜡梅冠天下 …… 176
丈地羊肉汤——生炒羊肉汤味佳 …… 177
吴庄驴肉——人间难得几回尝 …… 178
石象豆腐——马尾拴住能提起 …… 179
鄢陵热豆腐和吊炉烧饼
——夕阳下的大众美味 …… 180
许昌焖子——凉拌热炒总相宜 …… 181
禹州十三碗——丰盛的乡村大餐 …… 182
王洛猪蹄——先炸后卤烂而香 …… 183
许昌烙馍和菜馍——农家美食分外香 …… 184

"非遗"概览

——带着许昌的印记 187

许昌越调——独树一帜的毛派艺术 ………… 188
钧瓷烧制技艺——七十二道出佳品 ………… 190
禹州药交会——药不过禹州不香 …………… 191
董村木杆秤制作技艺——人人心中有杆秤 … 193
鄢陵古桩蜡梅盆景制作技艺
——无声的诗，立体的画 …………………… 194
禹州顺店刺绣——飞针走线织锦绣 ………… 195
禹州中药材炮制技艺
——技术含量很高的学问 …………………… 197
大周黄蜡制作技艺——慈禧赏识的贡品 …… 199
河街腐竹手工制作技艺——金色食品出农家… 200
档发手工制作技艺——顶上时装巧手制 …… 201
葛天氏传说——音乐之祖在长葛 …………… 202
莲花灯舞——少儿的集体舞 ………………… 203
南席老虎舞——静若雕塑动如风 …………… 204
禹州弓子锣舞——大铜器舞的分支 ………… 205
艾庄铜器舞——农民的狂欢舞 ……………… 206
石固肘阁——空中芭蕾 ……………………… 207
杜寨书会——中原曲艺一枝花 ……………… 208

城市名片

——独具特色的地域文化　209

曹魏文化厚重博大 ………………………………… 210
钧瓷文化瑰丽神奇 ………………………………… 212
花卉文化多姿多彩 ………………………………… 215

本书音频资源列表

音频故事	来源	页码
曹操选婿	原创	3
割发代首	原创	3
关羽义作诗竹画	原创	5
曹冲妙计巧称象	原创	13
萧何月下追韩信	原创	16
舐犊情深	原创	19
养由基百发百中	原创	28
倩人捉刀	原创	30
吕不韦奇货可居	原创	44
三请荀彧	原创	55
钟繇学书	原创	57
郭奉孝兵贵神速	原创	59
褚遂良勤学书法	原创	67
梁上君子	原创	89
钟会解字收姜维	原创	91
大鸿寨的传说	原创	143
曹子建七步成诗	原创	150
鲁班显灵建楼阁	原创	152
仁义巷和无梁镇	原创	208
鸡血红的传说	原创	213

本书视频资源列表

视频	来源	页码
许昌城市宣传片	原创	1
宋“许由巢父”桃形铜镜	《国宝档案》	22
鄢陵战火	《百家讲坛》	28
汉献帝：被遗忘的天子	《百家讲坛》	32
读《韩非子》谈法律之公	《读书》	45
谦逊待人 张良守礼遇高人	《百家讲坛》	46
不得已的选择 究竟是谁杀了晁错	《百家讲坛》	47
误读的聪明 荀彧的大智慧	《百家讲坛》	55
钟繇——一个开书体新风的人	《重温经典第二讲》	57
士族庶族	《百家讲坛》	60
是是非非褚遂良	《百家讲坛》	67
吴道子	《文化大百科》	70
许	原创	84
方	原创	86
陈	原创	88
钟	原创	91
夏	原创	92
韩	原创	94
康	原创	95
葛	原创	95
钧瓷记	《中国影像方志》	98
豫味花乡	《美丽中国乡村行》	109
具茨山上的神秘天书	《百科探秘》	124
钧瓷	《文化大百科》	129
乱世英雄	《百家讲坛》	210

谈古说今

——许昌，不仅仅是三国时的魏都

富饶的中原沃土，养育着492.6万许昌人民；悠久的历史文化，滋润着许昌4 996平方公里的土地；禹州市、长葛市、鄢陵县、襄城县、魏都区、建安区6个县（市、区）各具产业特色，东城区、经济开发区、城乡一体化示范区发展迅猛。便利的交通条件，彰显着许昌中原之中的区位优势；鲜明的特色产品，繁荣着许昌的社会经济；中国优秀旅游城市的称号，是许昌走向世界的亮丽名片；国家森林城市的荣誉，显示着许昌良好的生态环境；国家水生态文明城市的称号，彰显着许昌的发展魅力；全国文明城市的称号，是许昌现代文明的综合体现……

许昌城市宣传片

许昌许昌　许君以昌

富饶的中原沃土，养育着492.6万许昌人民；悠久的历史文化，滋润着许昌4 996平方公里的土地；禹州市、长葛市、鄢陵县、襄城县、魏都区、建安区6个县（市、区）各具产业特色，东城区、经济开发区、城乡一体化示范区发展迅猛。便利的交通条件，彰显着许昌中原之中的区位优势；鲜明的特色产品，繁荣着许昌的社会经济；中国优秀旅游城市的称号，是许昌走向世界的亮丽名片；国家森林城市的荣誉，显示着许昌良好的生态环境；国家水生态文明城市的称号，彰显着许昌的发展魅力；国家文明城市的称号，是许昌现代文明的综合体现……

许昌地名的由来与两位历史人物有关。一位是许由，一位是曹操。许昌因“许由”而起，因“曹操”而昌。因为许由，所以称之为“许”，因为“魏，基昌于许”而被曹操的儿子曹丕定名为“昌”。许由与曹操，一位在此牧耕，一位在此屯田；一位在此创业，一位在此建都；一位是起源，一位是辉煌。

许由是上古时期的高士、尧帝时的贤士，他以淡泊名利的崇高节操赢得了后世的尊敬，从而被奉为许姓始祖和隐士鼻祖。

许由“斜膳不食，斜席不坐”，淡泊名利，贤名远播。尧曾多次向他请教，

许昌城市一角

曹操选婿

割发代首

曹丞相府

后来想把君位让给他，遭到了他的拒绝。他逃到登封的箕山隐居起来，再也不愿意与世俗社会交往。尧派人找到了他，想请他出任九州长官，他跑到颍水边洗耳，表示不愿意听这种话。后来他率领部落沿颍水而下，来到许昌，发现这里土地肥沃，日照充足，雨量充沛，水草丰茂，麋鹿成群，于是就停了下来，架木结草为庐，日出而作，日落而息，开始了刀耕火种、自耕自食的生活，从而点燃起这里的农耕文明之火。

许由是许昌这块富饶沃土的开拓者，是许昌冠“许”之称的本源，是天下许姓的始祖。人们把许由氏族开拓的土地称为“许田”，把许由氏族活动的地域叫“许地”，把许由氏族生活的地方叫“许由寨”。许由死后就安葬在这里，后来这里成为世界许姓祭拜祖先的圣地。

几千年过去了，又有一位英雄豪杰来到许昌。他在这里只生活了25年，但这25年，却是中国历史上极不平凡的25年。这25年是社会大变革、文化大繁荣、许昌经济大发展的25年，而且这个时期在整个中华民族发展史上都有一定的影响力，它改变了中国的历史，也使许昌这座城市被冠以“历史文化名城”的称誉。他就是——曹操。

公元196年，曹操迎汉献帝都许。这一年，他42岁，年富力强。从这一刻起，曹操把他最为辉煌、最为精彩的人生与许昌紧紧联系在了一起。伟大的三国时代就是在许昌拉开了序幕。

西湖公园一角

从此，曹氏父子在许昌奉天子以令不臣，修耕植以蓄军资，开河渠以利漕运，著兵书以统三军，昌文学以建风骨，筑论城以揽人才。曹魏集团一步步走向了强大。到了220年，曹丕在许昌接受东汉最后一位皇帝刘协（汉献帝）的禅让，登上了皇帝的宝座，建立了魏国。曹丕认为“魏，基昌于许”，就把当时的许地改名为许昌。曹氏父子认为，真正的英雄豪杰、有志之士，只要“走进许昌”，就会“许君以昌”。

许由、曹操，两位带有传奇色彩的人物，都具有伟大的人格魅力，都创造出了流芳千古的文化。正是由于他们的人格魅力和创造的不朽文化，才使许昌这座城市有了文脉，有了名气，有了根，有了魂。

许昌是历史文化名城。它有着五千年的文化沉淀和历史阅历，刻录了华夏文

水韵莲花湾

明历史的许多故事。在这里，黄帝问道、许由隐居、大禹治水、夏启建都、曹操迎帝、曹丕登基、关羽夜读、华佗行医……这些脍炙人口的故事，讲述着许昌的辉煌。这里被中国文联、中国民间文艺家协会命名为“中国三国文化之乡”“中国蜡梅文化之乡”“中国陶瓷文化之乡”“中国大禹文化之乡”“中国烟草文化之乡”。这些是许昌深厚历史文化的有力见证。

从天上看，这是一座地处中原之心的城市，它被千里沃野拥抱着，被平原森林覆盖着，被湖河碧水滋润着，被高速、高铁贯通着，富足而畅达。这里是宜居花城。它不是一座有公园的城市，而是一座有城市的公园。

从区域上看，这里四季分明，是南花北移、北花南迁的天然驯化地。这里是平原粮仓，许由在这里点燃起农耕文明之火，曹操在这里屯田，直到今天，历届国家领导人都会在麦收时节来这里视察麦田。

关羽义作诗竹画

从浩如烟海的史书中寻觅，这是一座三国历史文化名城，赫然诞生于《三国志》，亭亭玉立在《三国演义》中，永远鲜活在历史中。

从地域文化看，这里是智慧之乡。它曾孕育出吕不韦、韩非子、张良、晁错、郭嘉、荀彧等举国良才。这里是文化高地，它曾养育了画圣吴道子、增补《史记》的褚少孙、楷书鼻祖钟繇、行书鼻祖刘德昇、书法家褚遂良、笑林始祖邯郸淳等文界泰斗……

从地方名品看，这里是“中国陶瓷文化之乡”，是“入窑一色，出窑万彩”的钧瓷的生产地；是“中国蜡梅文化之乡”，是全国重要的花木生产交易基地；是世界最大的发制品集散基地；是全国重要的电力装备制造业基地；是中国四大中药材集散地之一……

这里是戏剧之乡。它被艺术家传承着、发展着、延伸着，被戏迷们推崇着、喜爱着……

许昌自古有莲城之称。这几年通过治水引水，这里成了中原水乡。城在水中，水在城中。这才有了“莫道苏杭水景美，中原还有许昌城”之说。

这是一个宜居、宜业、宜游、宜商的地方。这里自然环境适宜，人文气氛浓郁，工业基础雄厚，充满活力和发展前景。

• 大禹封地　夏启都城 •

尧舜时期，中原地区洪水泛滥，禹用疏导之法根治了水患。大禹治洪水13年，三过家门而不入，因功被封为夏伯，其领地为现在的禹州。禹州的名字就与大禹有关。舜故后，大禹即位，国号夏，划九州，铸九鼎。禹传位于其子启，启即位建都在禹州，禹州成为中国最早的国都，史称“华夏第一都”。启认为禹州是九州的中心，就筑钧台以纪念，并在钧台大宴诸侯。这次宴会被称为“华夏第一宴”。启

灞陵桥景区

建立了我国历史上第一个奴隶制国家——夏朝。

为歌颂大禹治水的功德，唐代天宝年间创建禹王庙，明代修建了禹王锁蛟井等纪念性建筑。这些文化遗存对研究博大精深的华夏文化有着极其重要的价值。

正是在许昌这片热土上，中华民族的祖先们开创了华夏几千年文明史。是他们的丰功伟业，开启了统一的中华民族的序幕；是他们的智慧，奠定了中华文明的基石。许昌的每一座山，都有先祖们留下的文明脚印；许昌的每一条河流，都流淌着先祖们的故事传说。

• 许国沧桑　源远流长 •

公元前11世纪，周武王姬发灭商，建立周朝，把首都定在镐京（今陕西西安市西南），史称“西周”。为了巩固新建立的王权，从武王到成王，先后分封70多国。被分封的诸侯国，以其功绩大小分公、侯、伯、子、男五等爵位。

伯夷，尧时为太岳（亦称四岳），因有功于社稷，其后裔文叔被周武王封于许，授男爵，史称“许国”或“许男”，是中原地区一个比较重要的封国。

文叔受封来到许地后，授官设吏，并择地建起都城，成为统治一方的诸侯。都城故址在今建安区张潘镇古城一带。管辖的范围从都城向四周辐射，方圆约50里，包括今许昌建安区、鄢陵县西南及漯河临颍县北这一广大地域，是当时中原地区比较有名的诸侯国。当时朝中如有大事，周王都会询问许国国君的意见。

西周王朝在前期的180多年间，政治局面相对稳定，奴隶社会的经济获得空前发展。当时的周天子被尊为“天下宗主”，拥有至高无上的权威，诸侯听命于天子。在这样的形势下，许国地盘虽小，爵位虽低，却平静地度过了近400年的岁月。公元前770年，周平王东迁洛阳，此时周王权衰落，成为名存实亡的傀儡。而一些强大起来的诸侯，纷纷自立为王，并且争着当诸侯的霸主。最先称霸的是东方的齐国，齐桓公打着“尊王攘夷”的旗号，实际上取代了周王的地位。不久，南方的楚国、中原的宋国、西北方的晋国和西方的秦国也都强盛起来，遂形成五霸纷争的动荡政治局面。

许国国小兵微，而地理位置却处于南北要冲，在争霸战争中就成为不幸的附庸者和牺牲品。许国的威胁首先来自北邻郑国。当时，郑国的都城迁到新郑，领地南到长葛、鄢陵，都与许国毗连。而郑庄公是一个怀有扩张雄心的人物，他要向南扩张，就必须灭掉许国。周桓王八年（前712）秋，郑庄公纠合齐、鲁两国率军伐许，直抵许国都城。郑大将颍考叔手执蝥弧大旗第一个登上城头。郑将子都嫉妒他夺了首功，自下暗放一箭射颍考叔，颍考叔坠落城下。郑将瑕叔盈立即上前跃上城头，郑军随之而上。许国城破，许庄公逃往卫国避难，后死于卫。郑庄公虽然想独吞许国，但因惧怕诸侯干涉，就假惺惺地和齐、鲁两国商量怎样处置许国。齐、鲁二君认为许国没有犯灭国之罪，又推还给郑庄公处理。于是，郑国就令许国大夫百里“奉许叔居许东偏”，使郑国大夫公孙获率兵居许西偏，把许国君臣置于其控制、监视之下。直到周桓王二十三年，郑国发生内乱，许穆公才乘机回到都城，恢复了许国的主权。

在五霸纷争中，许国摇摆于强国中间，齐强时附齐，楚盛时附楚，晋来时归晋。而齐、楚、晋都往往拿许国开刀，向对手示威。如周惠王二十三年（前654），齐率鲁、宋、陈、卫、曹等国讨伐郑国，楚国为救郑，就兴兵围许，妄图解脱郑国之围。据史书记载，在五霸争斗的120多年间，许国先后被召唤去参加会盟18次，被

鹿鸣湖

建安区一瞥

迫跟随去讨伐他国13次，自己遭到侵犯11次，其中被郑国侵略就有9次。

许僖公北惧郑国不时侵犯，南畏楚国强兵压境，就听从蔡穆侯的劝说，卑躬屈膝地跪拜楚王，表示坚决站在楚国一边。结果又得罪了北方霸主，接连遭受晋、郑的侵犯，被郑国夺走展陂、任、泠敦等地，许国也被迫迁于楚境，从此开始了流浪生涯。周简王十年（前576），经许灵公请求，楚国把许国迁于叶（今叶县南），完全受楚国的控制。其原辖地被郑国占领，郑人称之为“旧许”。许迁叶后，郑国仍穷追不舍，怂恿晋国与之联兵两次讨伐许国。许灵公气愤不过，亲自到楚京面见楚王，要求兴兵伐郑，并且发誓说：“大王不发兵，我就不回去！”楚王没办法，才兴兵伐郑。许国附庸于楚国后，国势衰弱，但在楚与吴的战争中还得随楚国出兵伐吴，更弄得疲惫不堪。就这样仍未获得楚国的照顾，不时令其迁徙。公元前533年，楚公子弃疾当政，把许从叶迁于城父（今安徽亳州市东南城父集）。仅隔两年，又迁许于赖（今湖北随州市东北），其原随居民流落到湘西一带，故而至今该地有些山川名称仍带“许”字。周景王十六年（前529），楚又令许迁回叶。后来霸主们通过在宋国召开“弭兵”会议，平分了霸权，彼此不相交兵，长期的争霸局面才暂时停息下来。在此情况下，楚国左尹王子胜为避免冲突再起，对楚王献策说：“许国和郑国是世仇。我们和郑国刚刚讲和，如果郑伐许，晋国又帮助郑国，我们的土地不是丢失了吗？我们为何不把许国迁往别的地方呢？”楚王为本国利益打算，公元前524年又把许国迁徙到析的白羽（今西峡县西关外）。过了18年，到公元前506年，楚又令许迁于蓉城（今鲁山县西南）。许国经过这样三番五次的折腾，已是国穷财尽，徒有虚名。而郑国仍怕许国东山再起，必欲彻底灭之而后快。公元前504年，郑国乘楚国被吴打败之机，派大将游速率军伐许。许国已无力抵御，国君被俘获，许国遂灭亡。

楚国在秦国的帮助下复兴后，又立许国的后裔成（或曰戌）打起许国的旗号，成为许元公。公元前482年，许元公卒，又立结为君。成和结建国何地，史书上没有记载。直到公元前37年，史料记载“许国传世二十四世为楚所灭”，所以，历史上也有“楚灭许”之说。

• 魅力颍川　三国胜地 •

秦汉时，实行郡县制，许地始称许县，属颍川郡。郡治在阳翟（今禹州市），颍川郡为当时全国36郡之一，是当时最有影响力的一个郡，最多时辖27县。它是全国文化教育非常发达的地区，孕育了大批的杰出人才。据粗略统计，仅汉魏、两晋、南北朝时期，正史中有传可查的许昌名人就有150多位。他们要么是叱咤风云的政坛领袖，要么是智慧超群的帝王师友，或者是倜傥风流的文坛巨子，或者是学富五车的学界泰斗。

正因为有这样的人文环境，许昌又成为如许氏、文氏、陈氏、荀氏、钟氏、方氏、赖氏、庾氏等姓氏文化的发源地和纪念地。

东汉末期，统治阶级更加腐朽，到灵帝时，公开卖官鬻爵。官员为了攀升，开始大肆搜刮，导致百姓难以生存下去。皇帝年幼，皇帝身边的宦官外戚开始相互残杀，交替专权。由于中央政府的常年混乱，地方豪强逐渐膨胀。党锢之祸导致

许都广场智慧门

了言路闭塞，有识之士遭到终生排挤。就是在这样一个动乱、黑暗的时期，许昌的大地上，却冉冉升起了四颗耀眼的明星，他们名垂青史，光耀华夏。他们就是被称为“颍川四长”的当涂长荀淑、太丘长陈寔、林虑长钟皓和嬴长韩韶。

他们都是颍川人，在当时官做得都不大，但他们以丰富的学识、高尚的德行和完美的人格备受当世和后代人敬仰。他们的后代大都为国家出了大力，建立了奇功。“郡县治，天下安”，“郡县治，天下无不治”，他们是安邦教民的廉吏。

他们的家族又都有自身独特的地方：荀家的“智慧”，陈家的“仁德”，钟家的“才艺”，韩家的“清廉”，这些使得他们的家族和家族文化流芳千年。

颍川的优秀家族有很多，像禹州的郏家族、褚氏家族、郭氏（郭嘉）家族和鄢陵的庾氏家族等都是世家大族，影响都很大。颍川的这些世家大族，影响到后世几代人。颍川的家族文化对曹操的影响也很大。他出生于阉宦之家，来到许昌后，对家族文化有了重新认识，所以非常重视家庭教育。他的家族也是以建功立业、诗书传家的家风为主。在他的熏陶下，儿女们也都很优秀，一个个能文能武、智勇双全。

人们常说：以德治家，十代以上；耕读治家次之；读书更次之，富不过三代。

受地域文化的影响，颍川家族的后代子孙，现今大多分布在我国东南沿海一带和东南亚地区，至今在他们的祠堂中还保留有颍川堂的字号，他们常以自己是颍川的后人而自豪。

科技广场

公元196年，曹操父子迎汉献帝刘协迁都许昌，雄踞许昌25年，使许昌成为当时中国北方的政治、经济和文化中心。曹操雄才大略，他在许昌首倡屯田，兴修水利，解决了军粮缺乏的问题，对农业生产的恢复有着积极意义；用人唯才，三下求贤令，打破世俗门第的观念，罗致地主阶级中下层人物，抑制豪强，加强集权；善诗歌，《蒿里行》《观沧海》等篇，抒发了自己的政治抱负，并反映了人们的苦难生活，气魄雄伟，慷慨悲凉。在曹操父子的推动下，形成了以三曹（曹操、曹植、曹丕）为代表的建安文学，史称“建安风骨”，在中国文学史上留下了浓墨重彩的一笔。

《三国演义》120回，其中就有52回的故事发生在许昌或与许昌有关；全国三国文化遗迹中有2/5在许昌，因此郭沫若先生写下了“闻听三国事，每欲到许昌”的诗句。许昌也被称为“中国三国文化之乡”。

• 唐宋盛世　文昌艺精 •

唐、宋两代，中国封建社会进入鼎盛时期，从文化遗存中就可以看出许昌当时经济之繁荣、瓷业之发达、艺术之精湛和佛教之兴盛。河南境内310处古窑址中，仅禹州市就有160处。其中钧台钧窑址、神垕钧窑址和扒村窑址最为著名，在中国陶瓷发展史上占有重要位置。钧台钧窑为宋代五大名窑之一，北宋晚期成为皇家御用官窑，其铜红釉的烧制成功为陶瓷史谱写了辉煌的篇章，以“入窑一色，出窑万彩”的美妙窑变釉色为世人所赞誉。钧瓷不仅品种多，且不乏精美之作，其作品在故宫博物院和上海博物馆等都有收藏。钧窑文化是河南“大宋文化”的重要组成部分。此时，鄢陵的花卉种植也获得蓬勃发展，成为北宋以后著名的花卉产地和蜡梅之乡。

唐宋时期，不少文人名儒留寓许昌，览胜讲学，留下了许多传世佳作。大诗人白居易在其叔父任许昌县令时随居县署，写下了《许昌县令新厅壁记》。画圣吴道子的“吴带当风”开辟了中国绘画新纪元，他曾寓居许昌“洞上”，遗留有《关公勒马挺风图》碑。著名文学家欧阳修、

曹冲妙计巧称象

许昌西湖公园

司马光、范仲淹、苏轼、苏辙、程颢、程颐也都留下了不少诗文、墨迹和著作。他们除了在这里吟诗著书外，还在许昌的小西湖中修建了不少亭台楼阁。欧阳修在湖中修建了船形的“欧阁”；苏轼在“欧阁”之西修建了“长啸亭”，在湖中建有“读书亭”；韩愈建有“展江亭”；苏辙在小西湖建“西湖书院”，并在这里讲学20余载。他们在小西湖之上，酒酣赋诗，终日忘归，唱酬应和，佳作频出，促进了诗人之间的竞技斗艺。这些诗歌展示了宋代文人群体高雅文明的日常生活画面，反映了他们游心翰墨的精神世界和文人旨趣，可称绝响。

唐宋时期，许昌士人和名家大儒们的才情和精神风貌，使这座城市始终诗情洋溢、文明辉煌。

• 今日华彩　活力无限 •

改革开放以来，许昌坚持工业强市战略，多年来大力实施大企业（集团）、“小巨人”企业、高新技术企业培育计划，着力构建“大企业顶天立地、小企业铺天盖地、高新技术企业抢占发展高地”的企业发展格局，取得明显成效。2015年全市规模以上工业利润和主营业务收入稳居河南省第一方阵。

根据许昌的资源禀赋和工业的传统优势，许昌按照调高、调大、调优、调强的

梦幻小铁路桥

要求，深入实施“345”产业发展战略，做大做强三大主导产业，做优做精四大特色产业，培育壮大五大战略性新兴产业，改造提升传统优势产业，推动产业转型升级，着力构建以高端产业为引领、主导特色产业为支撑、产业集聚区为载体的现代工业体系，为富民兴许和中原经济区建设提供强力支撑。

许昌确定的三大主导产业、四大特色产业、五大战略性新兴产业得到快速发展，区域竞争能力不断增强。

许昌一角

目前，5个省级产业集聚区晋级为星级产业集聚区，主营业务收入超500亿元的产业集聚区达到3个、超百亿元产业集群达到9个，装备制造业集群主营业务收入突破千亿元；主营业务收入超百亿元企业达到7家；许继进入“中国电气工业竞争力10强”；黄河、众品、森源、金汇4家企业入选中国民营企业500强，占全省总数的1/3。

许昌的县域经济实力较强。禹州的煤炭、建材和钧瓷产业，长葛市的装备制造、超硬材料和有色金属加工，建安区的假发制品和农副产品加工业，鄢陵县的花卉苗木和生态旅游产业，襄城县的煤炭焦化产业已经形成规模。用许昌人的话说，禹州市最具实力，长葛市最具活力，襄城县最具潜力，鄢陵县最具魅力，建安区最具引力。产业发展的鲜明特色，成就了许昌的无限活力。

许昌属于北暖温带大陆性气候，是“南花北移，北花南迁”的天然驯化地。许昌花木种植历史始于唐，兴于宋，盛于明清。唐朝著名宰相姚崇在鄢陵隐居时喜欢养花弄草，他修建的花园后来发展为今天的姚家花园。目前全市花木种植面积100多万亩，是全国最大的花卉苗木生产销售基地，被誉为“中国花木之都”；全市绿化覆盖率达到47%，城市建成区绿地率40.3%，市区水环境、大气环境等环境指标居全省前列，被称为郑州的“南花园”。近年来，许昌致力打造一个居者心怡、来者心悦的宜居宜业之城，先后荣膺“中国优秀旅游城市”“国家园林城市”“国家森林城市”“国家卫生城市”“国家文明城”“全国绿化模范城”等称号。

许昌抓住国家南水北调的机遇，乘天时、地利、人和，苦战25个月，顺畅了“三川”，开通了“两环”，开挖“五湖”，植林“四海”，使一座水生态文明城市靓丽地镶嵌在了中原之中。

今日之许昌，长江水沧沧泱泱，淮河水一路欢唱，黄河水拐个弯也来许昌。三水济魏都，清流润家乡。万众人心醉，举城齐欢畅。

“五湖四海畔三川，两环一水润莲城”，曾经缺水的许昌如今成了碧水浸润的城市，湖清、水净、岸绿、景美、河畅。河湖水系成了欢乐的海洋，清潩河古

鸟瞰芙蓉湖

河展新韵，清泥河旧貌换新装，护城河一桥一景，饮马河曼妙动人……莫道苏杭水景美，还有中原大许昌。故都所有的水系都成了休闲娱乐的天堂。曹魏故都成为国家级水利风景区。

• 人文传统　许昌精神 •

许昌地处中原之中，是兵家必争之地。千百年来，历经无数次战争、人口迁徙，文化结构几经改易，文化面貌多次变换，但历经几千年形成的人文传统之根并没有断。随着历史的推移、多元文化的融合和新鲜血液的输入，优良的人文传统之树反而更加枝繁叶茂。

■ 勤劳质朴，公忠务实

许昌是原始农业发源的核心地区，长期以来形成了比较稳固的农业文化，具有显著的农业文化性格。这里又是远古时代夏部落的生息繁衍之地，因此，许昌受夏文化传统的影响很深。大禹治水13年，呕心沥血，殚精竭虑，三过家门而不入。史称夏禹“敏给克勤，其德不违，其仁可亲，其言可信，声为律，身为度”，可谓忠于其职、敬于其事的文化典型。因此，勤劳质朴、公而忘私的大禹精神，成为历代许昌人取之不尽、用之不竭的力量源泉。《史记·货殖列传》中称颍川、南阳是原夏朝人的居住地。夏人为政崇尚忠厚朴实，仍然有先王的遗风。颍川人敦厚老实。《汉书·地理志》中说：“颍川、南阳，本夏禹之国。夏人尚忠。”约成书于魏晋时期的《历代风土记》概括颍川郡的人文传统说：“士风端愿，民俗勤劳，推

萧何月下追韩信

城市夜景

护城河

诚相接，耻狙诈。”隋唐时期的许州人仍然是“好尚稼穑，重于礼文，其风皆变于古”。直到明清时期，各种地方志中仍然明确记载着许昌人这一优良的人文传统，如《嘉靖许州志》云：“俗尚朴鲁，称谨愿，有唐魏遗风。”《长葛志》曰：“颍川人尚忠，其弊朴野。”勤俭质朴，公忠务实，是许昌区域文化特色与人文传统的基调。

谦逊礼让，尚德尊贤

谦逊礼让，尚德尊贤，作为一种个人美德和人文修养，被历代许昌人所遵奉。同时，它作为一种独特的区域文化，经过长久的历史积淀而成为一种优良的人文传统。许昌人除崇拜大禹外，还崇拜“许地”开拓者许由，称他为“生人以来逊让之人未有如先生者也”。许由文化所体现出来的是一种谦让高洁的人格美德和独立自由的精神追求。经过数千年历史风雨的洗刷，许由精神不仅没有被湮没在历史的尘封中，反而被一代代的先贤明哲所继承并发扬光大。许昌历史上出现了许多人格高尚、敢言直谏之士，他们的政治生涯与人生追求虽然不同，但在实现完美人格、追求志向高远方面，毫无疑问，是和许由精神相通的。许由精神的核心是尚德，尚德的指向必然是尊贤。东汉时期的颍川郡，是全国儒学教育非常发达的地区之一。尚德尊贤成为许昌人代代相承、世世

许昌大剧院与许昌博物馆

罔替的优良人文传统。最著名有东汉后期的荀淑、钟皓与陈寔等人。他们以其高尚的德行、完美的人格而备受当世和后代人的敬仰，成为世人的楷模。

研法重教，尚义守信

许昌是战国时期李悝、申韩刑名之学的发源地和政治实践地，更是法家学派著名代表人物和集大成者韩非子的故乡。在风雨如晦、行将亡国的季世，韩非子怀着对祖国一往情深之念，探讨如何“存韩”的治国方略，对早期法家思想学说进行融会提炼，自成一家之言，最终成为法家学派的集大成者。因此，许昌很早就出现并形成了崇尚刑名法术的法制理念与政治文化传统。德治为主、刑法为辅，始终是中国古代法制的特点。在重法的同时，许昌人更重视儒家道德劝人弃恶从善的感化力量。“梁上君子”这个成语，现在一般人只知道这是窃贼的代称，实际上在这个故事里边，充满了道德教育、以德感人的内涵。面对窃贼的丑恶行径，许昌人陈寔没有将他痛打一顿解恨，也没有以罚款了事，而是召集儿孙晓以大义，喻以利害，不仅使盗贼匍匐于地，同时也给自家的儿孙上了生动的一课，使他们能够从中吸取教训，自警自励。到了宋元特别是明中叶以后，受《三国演义》和关公崇拜等世俗

北海雅韵

舐犊情深

文化的极大影响，许昌人尚义守信的人文传统更是达到高峰。人人以关公曾在许昌夜读《春秋》、敬护兄嫂、对刘备忠贞不贰的英风义气，过五关斩六将的英雄豪气，大丈夫一诺千金的诚信品格而自豪，使得许昌区域文化传统中渗透了浓厚的尚义守信思想，无论是达官显宦还是地方乡绅乃至普通百姓，都深受关公忠义之风的熏陶。尚义守信不仅成为许昌人高尚的人格追求，而且成为他们日常自律的道德标准与行为规范。

通达求新，开放包容

峻秀的山川，广袤的平原，发达的交通，温和的气候，不仅给历代许昌人提供了丰富的物质生活基础和创造精神文化财富的条件，同时也培育了许昌人豁达的胸怀和开放的心态。许昌就像一个文化熔炉，老的文化成熟了，伴随着人口的迁徙而输往各地；新的主人来此定居，又在固有文化传统的基础上，融入新的文化因子。一方面赓续固有文化传统，一方面又使固有人文传统枝繁叶茂，永葆青春。因此，历代许昌人所表现出来的基本心理性格是开朗达观，喜得风气之先；其基本的行为模式是开放包容，通达求新，很少有排外心理。历代许昌人凭着深厚的文化底蕴、坚忍不拔的意志、艰苦奋斗的精神、执着不懈的追求和开放包容的心态，勇于面对灾难，敢于承受苦难，乐于接受新知，善于融会众长，于通达中求变革，变革中求创新，创新中求发展。应该说，这是许昌区域文化的一大特色，也是最值得今天的许昌人继承并发扬光大的一笔宝贵的精神财富。

许昌人民历来重视优秀文化传统的传

承和弘扬，出现了许多优秀人物，在他们身上集中体现着中华民族的优秀品德，如许由的淡泊名利、谦逊礼让，夏禹的无私奉献、尊重客观规律，陈寔的宽厚豁达、以德感人，杨水才的“小车不倒只管推”等。尤其是曹操的大气豪放、多谋善断、唯才是举、重经兴文，给人们以启示和激励。

许昌市委、市政府将传统文化与社会主义核心价值观有机结合，组织全市干部群众，集思广益，提炼出“诚信、包容、开放、创新”作为许昌精神予以弘扬，为许昌的跨越发展提供了强大的精神动力。

要事回放

——中原之中的历史拐点

许昌含河洛之秀气，沐嵩岳之灵光，是历代豪杰建功立业的热土，也是兵家必争的要地。古往今来，在这块富饶美丽的土地上，代代人民勤创业，无数英雄竞折腰，一系列复杂多变的历史事件在这里发生，一幕幕波澜壮阔的活剧在这里上演。

距今10万～8万年前的“许昌人”，是东亚古人类演化和中国现代人类起源的重要例证。唐尧之世高士许由来此繁衍生息，率民牧耕，播下了许地文明的火种。夏启在此建立中国第一个奴隶制国家。

许昌历史发展的另一个重大拐点，是东汉末到三国时期。在军阀混战之中，曹操首占先机，奉汉献帝来许，促成了他成就霸业、统一北部中国的壮举，使许昌成为建安年间全国的都城和曹魏政权的起家之地，其地位仅次于洛阳。这里不仅人口密度大，经济较发达，而且实施了“九品中正制”的用人制度，孕育出了具有慷慨悲凉风格的建安文学，对中国社会的发展产生了重大影响。

许由牧耕在许地

——中原之中的历史拐点

许由是一个传说中的历史人物。《史记·伯夷列传》就记载了尧让天下于许由的故事。晋朝时，皇甫谧写了一本名为《高士传》的书，其中人物也有许由。书中根据史籍记载和民间传说，把许由的故事写得更为完整和动人。

许由出生在阳城（今河南登封市东南），是尧领导下的一个小部落的首领，聪明睿智、勤劳朴实，生产、狩猎、放牧，他都身体力行。部落的大事由大家决定，男女各司其职，部落的管理井井有条，男女老幼都知道谦逊礼让。许由的贤名政绩，不仅传遍邻近的部落，而且也传到了君主尧那里。尧在中国上古历史上是一位开明的君主，他不谋私利，选贤任能。晚年尧考虑要把君位传给有德之人，听说许由有贤名，就派人召许由进入部落联盟，而后再行禅让。尧派来的人找到许由，说明了尧的意思。许由说：我德薄望微，无治国之才，还是请大舜吧。大舜乃大孝之人，况又是黄帝后裔，他耕于历山，捕鱼雷泽，宽宏大度，有长者之风，是治理国家的最好人选。来人拗不过，只好回去复命。

宋"许由巢父"桃形铜镜

此后，许由来到一条小溪旁，用溪水洗耳。凑巧，许由的好友巢父牵着牛至小溪饮水，见许由洗耳，问道："许由兄，你在做甚？"许由道："洗耳。"巢父又问："为何洗耳？"许由道："尧派人召我做官，我喜清净恬淡，做官非我的志向，恐来人之言污我耳，所以把我听到的声音洗去。"巢父听罢，牵着牛往小溪

许由

许由墓

的上游走。许由怪而问之："你不是饮牛吗？怎么往上游走？"巢父道："你洗耳秽音已污溪水，我不忍让溪水污我牛口，所以让牛到上游去饮水。"许由听罢哈哈大笑道："老朋友，你比我的情操要高十倍。"于是两位高人的情谊更浓了。

许由恐尧再派人来召，心情焦虑不安，巢父便建议许由迁徙，离尧远一点。古代氏族部落迁徙是常有的事，遇到抵抗不了的敌人、瘟疫、旱涝等灾害就迁徙，到能生存的地方去安居。许由早有意迁出那个山穷水恶的地方，听说大山之东很远很远的地方，土地肥沃，水草丰茂，于是就派儿子申，去东方了解情况。

半年后，申向许由禀报，在大山之东很远很远的地方，确实有一个土地肥沃、水丰草茂的地方，当地人称之为鄢，是一个好去处。许由问了鄢地的风土人情，物产良莠，申一一做了回答。许由决定东徙，召开部落大会整整讨论了三天三夜。有愿随许由走的，有愿意留下的。最后许由宣布，走留自愿，愿走者三日之内备好行装。临行那天，许由率众向天祷告，祈求神灵保佑。

许由率部落向日出的地方行进，经过多日奔波来到鄢地（今鄢陵西部），见这里果然水草丰茂，日照充足。他们大喜过望，选择在丘陵之下、溪水之滨定居下来。许由又派儿子申去驻地之北垦田发展，申不负父望，距父亲"一舍"之地艰苦创业，其业绩可与其父媲美。

许由氏族在颍水之滨披荆斩棘，艰难地创建家园。他们有的捕鱼，有的打猎，有的采果，有的喂养畜禽，分工合作，各司其职。他们用粗笨的石铲、石斧开拓荒地，撒种上谷类，发展起早期的农业生产。经过全氏族人多少春秋艰苦的劳动，这块原始荒地在刀耕火种下逐渐变成了生长庄稼的良田和适宜放牧的草场，到处呈现出勃勃生机。许由氏族也在这里扎住了根。由于许由善于经营，部落成员得以温饱，他的贤名也与日俱增。每年岁末，许氏部落都要祭天地、拜祖先、庆丰收、跳大舞。许由也戴面具、披彩裙，手执开山大斧，邀当地人同庆同乐。晚年他倾其所有资助大禹治水。禹治好了水患登门拜访时，他已是耄耋之年。许由死后，人们为怀念这位德高望重的贤士，为其撮土起冢，后来又立庙祭祀。许由冢在今登封市东华镇箕山之巅，至今尚存。

• 夏启大飨诸侯于钧台 •

——第一次国宴

启是夏禹的儿子，夏朝的第二位君主，史称夏启、夏后启。同时，他也是中国历史上由“禅让制”变为“世袭制”的第一人。“父传子，家天下”，由他开始沿袭了几千年。

夏禹晚年，曾征询各部落首领的意见，挑选皋陶做他的继承人，可惜皋陶年龄太大，先禹而去世。大禹又选皋陶的儿子伯益当接班人，却让启随自己外出巡狩，会见各地的部落酋长，帮自己训练军队，制定政治和法律制度，参与国家管理，并让其抚恤百姓，发展生产，积累治理国家的实践经验。伯益虽曾跟禹治水，却只管火政，后来辅助禹，也只有几年时间。所以夏禹在会稽去世之后，伯益自觉其威望、能力和实力都不如启，就主动推让王位于启，并率天下臣民共同拥戴之。启既为“天下同仰”，待三年丧毕，便于约公元前2058年（该年为丙戌年）在阳翟（今禹州市）筑钧台（也叫夏台），大飨

禹州古钧台

天下诸侯，举行“继位大典”，奏韶夏之乐，承父职而即王位。同时又封（一说流放）伯益于箕山，尊商均（舜的儿子）为宾客，竭力笼络天下诸侯，巩固既得王位。

《左传·昭公四年》记载“夏启有钧台之享”。这是夏启主持举行的一次重大祭天活动，参与助祭的是各地的方国首领，因而“钧台之享”也是一次方国盟会。这次盟会确立了夏启天下共主的地位，奠定了夏王朝的统治基础。

钧台大享的原因主要是夏启继位，担心诸侯不服，所以就仿效其父禹召开涂山大会的办法，招待天下诸侯。一来显示实力，二来展示富庶，三来宣示教化。

启在位29年，至甲寅岁（约前2029）病故。三年丧毕，夏王朝召天下诸侯，葬启于箕山之阴，同时立启长子太康嗣夏王位，丁巳岁为太康元年。

• 郑伯克段于鄢 •

——争夺与亲情

春秋时期，周王室日渐式微，各诸侯国之间开始了互相兼并的战争，各国内部统治者之间争夺权势的斗争也逐渐加剧。为了争夺王位，骨肉至亲成为殊死仇敌。

郑武公娶妻武姜，武姜生下庄公和共叔段。庄公出生时脚先出来，使武姜受到惊吓，因此被取名“寤生”。武姜因此厌恶庄公，偏爱共叔段，想立共叔段为世子，多次向武公请求，武公都不答应。后来，郑庄公同共叔段为夺国君之位进行了一场你死我活的斗争。郑庄公设计并故意纵容其弟共叔段与其母武姜。其弟骄纵，欲夺国君之位，庄公便以此为由进行讨伐。庄公怨其母偏心，将母亲迁于颍地。后来自己也后悔了，又有颍考叔规劝，于是母子重归于好。

庄公即位后，武姜就替共叔段请求分封到制邑去。庄公不允，武姜便请求封

掘地见母

给共叔段京邑，庄公答应了，让他住在那里，人称京城太叔。大夫祭仲说："分封的都城如果城墙超过三百丈，那就会成为国家的祸害。先王的制度规定，国内最大的城邑不能超过国都的三分之一，中等的不得超过它的五分之一，小的不能超过它的九分之一。京邑的城墙不合法度，非法制所许，恐怕对您有所不利。"庄公说："姜氏想要这样，我怎能躲开这种祸害呢？"祭仲回答说："姜氏哪有满足的时候！不如及早处置，别让祸根滋长蔓延，一滋长蔓延就难办了。蔓延开来的野草还不能铲除干净，何况是您受宠爱的弟弟呢？"庄公说："多做不义的事情，必定会自己垮台，你姑且等着瞧吧。"

太叔修治城郭，聚集百姓，修整盔甲武器，准备好兵马战车，想要偷袭郑国。武姜打算开城门做内应。庄公打听到共叔段偷袭的时候，说："可以出击了！"命令子封率领车二百乘，去讨伐京邑。京邑的人民背叛共叔段，共叔段于是逃到鄢城。庄公又追到鄢城讨伐他。五月二十三日，共叔段逃到共国。

庄公怨恨母亲，将其幽禁在城颍，并且发誓说："不到黄泉，不再见面！"过了些时候，庄公又后悔了。有个叫颍考叔的，是颍谷管理疆界的官吏，听到这件事，就把贡品献给郑庄公。庄公赐给他饭食。颍考叔在吃饭的时候，把肉留着。庄公问他为什么这样做。颍考叔答道："小人有个老娘，我吃的东西她都尝过，只是从未尝过君王的肉羹，请让我带回去送给她吃。"庄公说："你有个老娘可以孝敬，唉，唯独我没有！"颍考叔说："请问您这是什么意思？"庄公把原因告诉了他，还告诉他自己后悔的心情。颍考叔答道："您有什么担心的！只要挖一条地道，挖出了泉水，从地道中相见，谁还会说您违背誓言呢？"庄公遂依言而行，与母亲恢复了亲情。

• 唐雎不辱使命 •

——智勇双全保安陵

秦王嬴政二十四年（前223），秦灭魏，魏之属国安陵（在今鄢陵县西北）尚存。

秦王嬴政认为这么一个小国不需动武，打个招呼就行了。于是，他就派人假惺惺地对安陵君说："我想用500里的土地交换安陵，你可一定要答应我啊！”安陵君说：“大王给予恩惠，用大片的土地交换小的土地，这很好。但这毕竟是我从先王那儿接受的封地，我愿意始终守卫它，实在不敢交换啊！”秦王听后很不高兴。安陵君了解秦王的性格，以少易多是个诱饵，怕他以自己不领情而动武，于是派唐雎出使秦国说明情况。

秦王对唐雎说：“我用500里的土地交换安陵，安陵君却不答应，这是为什么呢？况且秦国已经灭了韩国和魏国，而安陵君却凭借50里的土地幸存下来，是因为我把安陵君当作忠厚的长者，所以才不打他的主意。现在我用10倍于安陵的土地，让安陵君扩大领土，但是他违背我的意愿，难道不是轻视我吗？”唐雎回答说：“不，不是这样的。安陵君从先王那里接受了封地并且愿意终生守卫它，即使是千里的土地也不敢交换，何况是仅仅500里呢？”

唐雎不辱使命

秦王勃然大怒，对唐雎说：“你听说过天子发怒吗？”唐雎回答说：“我未曾听说过。”秦王说：“天子发怒，将会尸横遍野，血流成河。”唐雎说：“大王听说过平民发怒吗？”秦王说：“平民发怒，也不过是摘掉帽子，光着脚，把头往地上撞罢了。”唐雎说：“这是平庸无能的人发怒，不是有才能、有胆识的人发怒。专诸刺杀吴王僚的时候，彗星的尾巴扫过月亮；聂政刺杀韩累的时候，一道白光直冲上太阳；要离刺杀庆忌的时候，苍鹰突然扑到宫殿上。他们三个人都是平民中有才能、有胆识的人，心里的怒气还没发作出来，上天就降示了凶吉的征兆。专诸、聂政、要离加上我，将成为四个人了。这个勇士倘若发怒，死的只有两人，血流也不过五步远，但天下百姓都要穿丧服，今天就是这样。”说完，唐雎拔出剑站起来。

秦王变了脸色，连忙向唐雎道歉说：“先生请坐！怎么能到这种地步呢！我明白了那韩国、魏国灭亡，安陵却凭借50里的土地生存下来的原因，只是因为有先生啊！”于是暂时放弃了灭掉安陵的打算。

唐雎依靠自己的正气和勇敢，圆满地完成了国君赋予他的使命。

• 鄢陵之战 •

——晋楚争霸中原

鄢陵之战，是周简王十一年（前575）晋国和楚国为争夺中原霸权，在鄢陵地区（今鄢陵县）发生的战争。

那年农历六月，晋国军队和楚国军队在鄢陵相遇。范文子不想同楚军交战。新军佐郤至说：“秦、晋韩原之战，惠公没有凯旋；晋、狄箕之战，主帅先轸阵亡；晋、楚邲之战，主帅荀林父兵败溃逃。这些都是晋国的奇耻大辱！你也见过先君这些战事，现在我们躲避楚军，就又增加了耻辱。”晋厉公采纳了郤至的建议，率军出征。

两军对垒之后，楚共王就带着晋国大夫伯宗的儿子伯州犁，登上巢车观望晋军。晋国这边也不甘示弱，晋厉公也让楚国大夫斗椒之子苗贲皇立于其侧，了解楚军动态。

苗贲皇相当了解楚军，他对晋厉公说，楚国的精锐部队是楚中军的王族，如果晋军能分良将统兵，同时攻击楚军的左右两军，楚军必大败。晋厉公分兵攻击楚左右两军，并且命令晋国的神箭手魏锜专射楚共王。结果魏锜找了个机会，射中了楚共王的眼睛。楚国神箭手养由基也射中了魏锜的脖子，把魏锜给射死了。

养由基百发百中

楚共王的受伤，并没有影响战场形势。晋楚双方从早上战到晚上，也没有分出胜负，双方鸣金收兵。

央视网

鄢陵战火

楚共王决定次日鸡鸣时吃饭，然后再次突袭晋

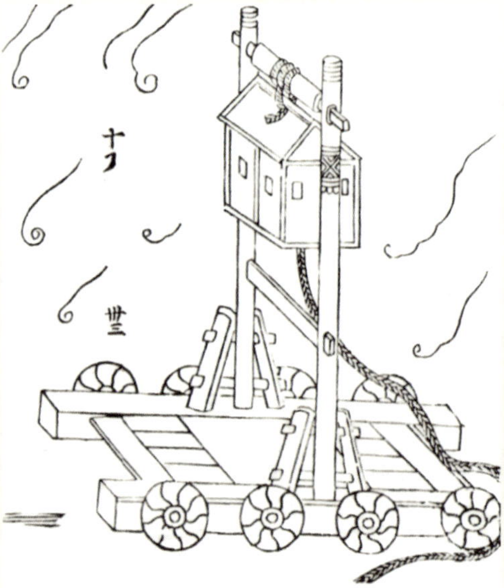

巢车

军，以雪眇目之仇。而晋军这里也是磨刀霍霍，积极备战。这时，苗贲皇使了个心眼，他故意放松了对白天刚刚抓获的楚国俘虏的看管，让他们回去报告晋军的备战情况。

几个战俘回到楚军大营后，连忙向楚共王报告了晋军那里的情况。楚共王得知晋军已经有了准备之后，打算招司马子反商议对策。谁知司马子反当晚酩酊大醉，不能入见。楚共王无奈，当晚就引军而回。

鄢陵之战是晋楚争霸战争中继城濮之战、邲之战后第三次，也是两国最后一次主力军队的会战。鄢陵之战标志着楚国对中原的争夺走向颓势。晋国虽然借此战重整霸业（晋悼公复霸），但其对中原诸侯的控制力逐渐减弱。

• 秦灭韩国设颍川 •

——影响深远的行政区划

公元前230年，韩国军队在屡战屡败的情况下，成为山东六国中第一个被秦所灭的国家。

韩国起源于三家分晋。公元前433年，晋国大夫赵襄子、魏献子和韩宣子暗杀智伯，然后将晋的领地瓜分，分成三个诸侯国。后世历史学家将韩、魏、赵合称为三晋。

韩国北临魏、赵，东有齐，南有楚，西有秦，四面受敌。幸而韩国以其著名的兵器——弩，为各国所畏惧。所谓“天下之强弓劲弩皆从韩出”，韩国的弩能射800米之外，“远者括蔽洞胸，近者镝弇心”。除此以外，韩国的剑也异常锋利，皆“陆断牛马，水截鹄雁”，“当敌则斩坚甲铁幕”。公元前375年，韩国便曾以其精兵灭了中原传统古国郑国。韩昭侯在位之时，韩国国势最强，他以法家的申不害为相，内政修明，国力强盛。

由于地处黄河中游地区，韩国东部和北部都被魏国包围，西有秦国，南有楚国，完全没有发展的空间，国土在七国之中最小，屡遭列强欺凌。韩国早年就是魏齐之间的争霸资本，公元前341年的马陵之战就是围魏救韩的结果。秦楚争霸时，秦又要挟韩魏共同伐楚。末年的韩国成了秦国和山东各国的缓冲地，苟延残喘。公元前265年，秦国大举进攻韩国上党，上党不愿被秦占有，改降于赵，引发了长平之战。这两场决定霸主局势之战都由韩国而起，使韩国处于被列强围欺的困境。

在肥之战及番吾之战中，秦军先后被歼约15万人，损失巨大，进攻受阻；赵军亦伤亡惨重。于是秦国便按原定的中央突破、由近及远、逐个歼灭的方针，将主攻方向指向韩国。

秦国发动统一战争，最怕六国合纵，因为合纵会使统一进程拉长甚至失败，所以尉缭向秦王嬴政提出："大王勿爱府库之宝藏，只要给我三十万金，厚赂列国豪臣，以乱其谋，而诸侯可尽灭之。"这些钱等于倾尽秦国国库，但嬴政答应了。当时的南阳太守叫腾，此人有名无姓（当时无姓的人都是平民），成了尉缭收买的对象。在尉缭的策划下，腾带领几万韩国军队外加南阳郡投降了秦国。腾被秦升为内史，史书记载其名字为内史腾，掌管秦国关中防务。秦王嬴政以此昭示天下人，投降秦国就能升任高官。内史腾投降后，秦国发兵彻底灭韩，主帅并非王翦、王贲、李信、蒙恬，而是内史腾。

秦王政十七年（前230），内史腾率领秦军突然南下，渡过黄河，进攻韩国，一举攻克韩都新郑，俘获韩王安，继而占领韩国全境，灭亡韩国。秦国没费一兵一卒就灭了韩国。秦国遂在韩地设置颍川郡，建郡治于阳翟（今禹州）。

当时，颍川郡辖境相当今河南登封、宝丰以东，尉氏、郾城以西，新密以南，叶县、舞阳以北的地区。颍川在历史上是大郡，人口很多，非常繁华，文化底蕴深厚，对中国历史产生了深远的影响。

• 曹操迎汉献帝都许 •

——伟大的战略决策

东汉建安元年（196）九月的一天，一乘天子皇舆在戎装楚楚的甲士护卫下，徐徐驶进许县城门。

皇舆中坐着东汉王朝第十三代君主献帝刘协，是受时为镇东将军的曹操之迎，从洛阳驾幸许地的。其后，是他的两位夫人——伏皇后、董贵人的銮舆。当晚，汉献帝住在了曹营，不久搬进了许都皇宫。从此，许都便以一代帝都名扬于世，而曹操也

倩人捉刀

由此取得了“奉天子以令诸侯”的政治优势。

曹操迎汉献帝都许，历代史学家评之为“伟大的战略决策”。这是因为在封建社会里，皇帝在人们心目中是正统的代表，谁掌控了皇帝，谁就可以利用这块金字招牌号令天下，从者为忠义，不从者为叛逆。曹操迎帝都许，正是看到了这个巨大的号召力。同时，亲近曹操的一些谋臣也力主这样做。《三国志·毛玠传》中就提到，早在兖州时，侍中毛玠就曾建议曹操应该奉迎汉献帝都许，用汉献帝的名义来挟持地方势力，以此来完成霸业；谋士荀彧也曾劝曹操这样做。毛玠和荀彧的建议，坚定了曹操的决心。曹操随即来到洛阳，迎汉献帝到许县。曹操率兵至洛阳后，借口洛阳残破不堪，粮食奇缺，建议汉献帝把都城迁移到许县，在许县建立新都城。汉献帝的近臣董昭又向曹操陈言说：“将军兴义兵平定了董卓之乱，出入朝廷，辅佐王室，这是春秋五霸的业绩。下面的各位将军，都有不同的想法，未必服你，你留在京城辅佐，不能发挥你的优势，只有把汉献帝移驾都许才行。”曹操听后很高兴，认为这正是自己的想法。曹操奉帝的重大意义，当时袁绍集团的谋士沮授、郭图等也看到了。郭图曾劝袁绍奉迎汉献帝到邺城，挟天子而令诸侯，但袁绍没有同意。沮授也曾劝袁绍这样做，袁绍虽然觉得这样做有道理，却迟迟不动，唯独曹操听从了谋士的话，把汉献帝迁徙到许县，其功业垂于后世。

曹操与汉献帝（剧照）

曹操为什么选择在许县建都呢？照《三国志·武帝纪》的说法是“洛阳残破，董昭等劝太祖都许”。这恐怕不是问题的主要方面。诚然，作为东汉王朝帝都的洛阳在遭董卓之乱后，“宫室烧尽，百官披荆棘，依墙壁间”。但根本原因还是当时许县有许多优越条件，即具备了古人所讲的“天时、地利、人和”。其一，曹操在许县驻有重兵，足以抵御各路军阀的侵扰，以保证王室的安全。《三国志·董昭传》载：“建安元年，太祖定黄巾于许。”就是说，平定黄巾军后，这时的许县已是曹操的稳固根据地。其二，许县有粮食，不像洛阳那样“群僚饥乏，尚书郎以下自出采稆，或饥死墙壁间，或为兵士所杀”。许县有兵有粮，是曹操迎帝都许的关键所在。正如当时握有重兵的将领杨奉在看了董昭代曹操写给他的一封书信后兴奋地说：“兖州诸军近在许耳，有兵有粮，国家所当依仰也。”其三，许县城池原为许国都城，颇具规模，而且完好，足以安置朝廷官署。其四，许县地处中原腹地，交通方便，土质肥沃，百姓勤劳，人才辈出，既有驾驭四方之便，又有广阔的发展前景。实践证明，当时许县的种种优势在曹操奉帝建都后充分地发挥了出来，以至后来魏文帝以“魏，基昌于许”的美名，改许县为许昌。

• 曹丕代汉称帝 •

——一个新时代的开启

汉朝末年，皇权衰落，群雄割据。曹操挟持汉献帝，历经数十年征战，统一北方，被封为魏王、丞相，掌握汉末实权。公元220年正月，曹操病死，其子曹丕继位，掌管大权。

延康元年（220）十月，曹丕的亲信华歆率领文武百官联名上书，劝汉献帝把帝位让给曹丕。不仅是大臣们不断上劝进表，汉献帝自己也知道汉朝气数已尽，故十分“配合”地连下了三道禅位诏书，苦苦地恳请、哀求曹丕仿效虞舜，登上皇帝的宝座。汉献帝把皇帝的玉玺交给曹丕，曹丕故作推辞，说：“听到这个诏命，真吓得我五内震惊，浑身发抖。我宁可跳东海自杀，也绝不敢接受汉朝的诏书。”

央视网

汉献帝：被遗忘的天子

尽管曹丕的假戏做得如此逼真，但朝中的文武大臣还是心领神会，他们一边上书，一边在颍阴县曲蠡（今临颍繁城）筑起受禅台。

经过九个多月的精心准备，大臣们数十次上表劝进，汉献帝前后四次下达禅位诏书，延康元年十月十三日，汉献帝刘协将象征皇位的玺绶诏册奉交曹丕，

受禅台遗址

宣布退位。十月二十八日，曹丕终于撕下了自己的画皮，在桓阶等人所上的“登坛受命表”上，批下了“可”字。第二天，曹丕踌躇满志地登上了受禅台。参加受禅大典的有文武百官和匈奴等四夷使者共数万人。在完成典礼后，曹丕对群臣说：“舜、禹之事，吾知之矣。”

曹丕照例三让之后于同月二十九日升坛受禅，登上皇帝宝座，改国号为魏，建元黄初。

曹丕代汉称帝之后，给汉献帝以国宾的待遇，封他为山阳公。山阳公封邑有一万户，可以“行汉正朔，以天子之礼郊祭，上书不称臣”。14年后，山阳公病死，获得了“孝献皇帝”的谥号，以天子礼仪安葬。这个山阳国传了三代，共75年，西晋时依然沿袭，一直持续到永嘉之乱。

曹丕代汉的第二年，刘备打着继承汉统的旗号，在成都称帝，又称“蜀汉”或“季汉”。公元229年，孙权也在武昌称帝。

• 周几焚许昌 •

——许地中心的变化

历史上，曾先后出现过三座许昌城。

曹丕代汉后，徙都洛阳，并因“魏，基昌于许”之故，改许县为许昌县，许昌仍为曹魏“五都”之一。《元和志》曰：“魏迁都洛阳，宫室武库犹在许昌。”曹丕在位七年，四次“行幸许昌宫”，并派司马懿镇守。魏明帝曹叡更于太和六年（232）“治许昌宫，起景福、承光殿”。工程完工后，曹叡连年“行幸许昌宫”。西晋初，颍川郡治也由阳翟（今禹州）迁至许昌县城。

南北朝时，宋、魏双方在许昌长期拉锯，最终导致古城毁灭。景平元年（423）三月，北魏大将奚斤从虎牢统率步兵、骑兵3 000人，在许昌攻打颍川太守李元德，李元德放弃守城败退逃走。北魏任命颍川人庾龙为颍川太守，据守许昌。李元德率领残兵败将200人逃回项城后，又杀回许昌斩杀庾龙。十一月，北魏将军周几进攻许昌，许昌城崩溃，颍川太守李元德逃奔项城。北魏军围攻汝阳，刘宋汝阳太守王公度也逃到项城。于是，刘宋豫州刺史刘粹派遣将领姚耸天等率兵增援，固守项城。周几带军队夷平了许昌城，毁坏了钟城的城墙，确定魏宋新的边界。

周儿毁许昌后，北魏朝廷将颍川郡治所迁到了长社县县城（今长葛市老城镇），许昌县的治所则移到了许田。此时，许昌县和颍阴县均隶属于北魏颍川郡。

北魏分裂为东魏和西魏，颍川郡属东魏领地。公元535年，东魏又分颍川郡置许昌郡，郡治就设在当时许昌县城（即许田）。

公元548年，东魏围攻西魏大将王思政于长社城，并引洧水（今双洎河）灌注，次年克城。激烈的战争加上大水的灌注，使长社城城垣崩塌，房舍毁坏严重，于是颍川郡治所和长社县治所同迁颍阴县城（今许昌市区）。同时，东魏朝廷在颍阴先置颍州，后改称郑州。北齐废郡，将此时的颍阴县改称长社县。北周时，又将郑州改为许州，许州之名自此出现。

隋、唐二朝，许州与颍川郡二名交替出现。原颍阴县先后更名为颍川县、长社县，州、郡、县之所均未变动。当时的许昌县（治所在许田）为其属县。唐贞元年间，白居易曾在此撰写《许昌县令新厅壁记》。

五代后唐同光二年（924），改许昌县为许田县，治所仍在许田城。

北宋熙宁四年（1071），许田县并入

许昌宫复原图

汉魏许都故城

长社县。历经600余年的许田城，自此改为许田镇。

今天的许昌城，在很长一段时间里叫颍阴。颍阴自秦汉始筑城以来，到南北朝时发展为州郡治所。从唐代开始，许州的名称基本没变，人们习惯称此城为许州城。1913年，中华民国废州，复设为许昌县，县属设原许州州衙中。之后，许昌又成为专员公署驻地，直至1947年解放。

许州、许昌、许县、颍阴、颍昌……这片土地在历史风云中屡经变迁，但始终没有离开两个字——“许”和“颍”。一段往事，一条长河，赋予了它不平凡的起源，注定了它在历史长河中的精彩。

• 岳家军颍昌大捷 •

——撼山易，撼岳家军难

颍昌之战是南宋初期宋军抗金战争中重要战役之一，著名抗金将领岳飞指挥岳家军于绍兴十年（1140）七月先后在郾城、颍昌大破金军，取得了直捣中原、收复河朔计划的关键性胜利。此战是岳飞生前最后一次与金军主力决战，不久，岳飞奉命班师，使抗金的有利形势废于一旦。

绍兴十年五月，金人撕毁前一年与南宋签订的归还河南的和谈协议，调集大军分四路进攻陕西、山东、洛阳和汴京，得手后又乘胜向淮西进攻，结果在顺昌为刘锜大败，全线进攻受到了抑制。在南宋各路军队节节胜利的形势下，岳飞打算联合义军，配合友军，乘胜反攻中原。按照其以襄阳为基地，联结河朔，进捣中原，恢复故疆的既定方针，派遣王贵、牛皋、杨再兴、李宝、张宪、傅选等，分向西京、汝州、郑州、颍昌、陈州、蔡州等地，分布经略，展开猛烈的攻势；并分别派兵接应东、西两面的宋军；同时派遣梁兴等人北渡黄河，联络太行山义军，相机收复河东、河北失地，以便南北呼应。此时，韩

还我河山

世忠率部自淮阳，张俊率部自庐州、寿州间北进。张俊在福州造海船千艘，准备由海道北攻山东。吴璘等在陕西的作战也有所进展。

宋高宗一向畏敌如虎，在宋军即将反攻的有利形势面前，竟然做出“兵不可轻动，宜班师”的荒谬决定，要求各路军队停止北进。为此，特派司农少卿李若虚于六月二十二日赶抵德安府（今湖北安陆）岳飞军营中计议军事，阻止岳飞军北伐中原。岳飞部将都已北进，他未接受李若虚带来的诏命，仍按原来计划行事。李若虚鉴于当时的形势，同意岳飞的主张，并主动承担“矫诏之罪”。六月二十五日，岳军统领官孙显，于陈、蔡之间破金军排蛮千户部；闰六月二十日，张宪部克复颍昌；二十四日，收复东州；次日，王贵所属杨成部克复郑州。七月初二，张应、韩清克复洛阳。岳飞率部在一个多月里，连战皆捷，收复了洛阳至陈、蔡间的许多战略要地，形成东西并进、夹击汴京金军主力的态势。岳飞为了诱惑金军南下决战，遂集结主力于颍昌地区，自率轻骑驻守郾城。

金军兀术败于顺昌后，自己与龙虎大王突合速退回汴京，命韩常守颍昌府、翟将军守淮宁府、三路都统阿鲁补守应天府，企图负隅顽抗。当兀术看到岳家军孤军深入、有机可乘之时，不待岳家军集结部署完毕，抢先发动了进攻。挑选15 000多名骑兵，披着鲜艳的衣甲，抄取近路，自北压向郾城。岳军每人持麻扎刀、提刀和大斧三样东西，入阵之后即与敌人“手拽厮劈”，上砍敌人，下砍马足。战斗从午后进行到黄昏，金军终于支持不住，向临颍方向撤去。

兀术不甘心，又集中了号称12万人的兵力，进到郾城和颍昌之间的临颍，妄图切断岳飞和王贵两军的联系。七月十三日，张宪奉命率领由亲卫军、游奕军、前军和其他军组成的雄厚兵力，进到临颍，欲与兀术大军决战。杨再兴等率领300名骑兵为前哨，当抵达临颍南的小商桥时，猝然与兀术大军相遇。兀术指挥兵力包抄围掩。

岳飞

尽管众寡悬殊，杨再兴也毫无惧色，率骑兵英勇作战。杨再兴和300名骑兵全部战死。金军也遭到沉重打击，仅被杀死的就有2 000多人，其中包括万夫长、千夫长、百夫长、五十夫长等100余人。十四日，张宪率援军赶到临颍，打退了金军。兀术不敢再战，留下部分兵力，自己率主力转攻颍昌。

岳飞估计兀术将回军攻颍昌，便令岳云急速增援驻守颍昌的王贵。七月十四日，兀术率领3万骑兵、10万步兵进攻颍昌，于城西列阵。宋军虽有5个军戍守颍昌，但都不是全军。王贵命少量兵力守城，自己和姚政、岳云等率中军、游奕军、亲卫军出城决战。

22岁的岳云率领800名亲卫军骑士首先驰击金军。步兵也展开严整的队列继进，掩护骑军，与敌军拐了马搏战。双方激战几十个回合，依然不分胜负。这时老将王贵有些气馁，岳云制止了他的动摇。岳云前后10多次突入敌阵，身受百余处创伤；很多步兵、马军也杀得“人为血人，马为血马”，仍无一人肯回顾。到了正午，守城的董先和胡清率军出城增援，战局很快扭转过来，大败金军。

颍昌大捷，杀敌5 000多人，俘虏2 000多人，缴获战马3 000余匹，金军的几十名将军也死于宋军之手。不久，张宪部将在临颍东北打败金军。岳飞率军乘胜追击金军，于距汴京仅20多公里的朱仙镇击溃金军，至此，岳飞反攻中原的战争取得重大胜利。

颍昌之战是岳家军挺进中原抗击金军的关键性大捷。在孤军奋战的情况下，岳家军依靠将士们的强劲勇敢，以及岳飞、岳云父子的正确指挥，冲锋陷阵，经过酷烈的战斗，以少胜众，打败了敌军主力，取得了辉煌的胜利。金军统帅兀术哀叹说：“自我起北方以来，未有如今日之挫衄。”金军在此战以前，尚未同岳家军进行过很深入的较量，这次才算真正领教了岳家军的威力，发出了“撼山易，撼岳家军难”的哀叹。

颍昌大捷后，岳飞本可以继续北进，实现长驱中原、收复河朔的愿望，但南宋朝廷以高宗和秦桧为首的议和妥协派容不得这些，急催岳飞班师。岳家军的班师，使整个抗金战争局势又逆转了，收复的许多失地又重被金军占领，“十年之功，废于一旦”。第二年，岳飞被以“莫须有”的罪名害死于临安。一代名将、民族英雄就这样陨落了。不过，岳飞治军严明、英勇善战，以及岳家军“冻死不拆屋，饿死不掳掠”“秋毫无犯”的精神将永远垂范后世。

• 三峰山大战 •

——蒙古灭金的决定性战役

三峰山位于禹州城西南3公里处，东起梁北镇南，西至鸿畅镇东，绵延数里，三峰起伏，宛如笔架，古称“文峰山”。著名的蒙金钧州三峰山大战就发生在这里。

三峰山大战是蒙古灭金的决定性大战。金哀宗正大八年（1231）五月，蒙古兵分三路攻金。窝阔台汗率中路军从山西攻河中，斡陈那颜领东路军攻济南，拖雷统西路军从陕西假道南宋，攻金都城南京（今开封）。同年冬，西路军渡汉江，入金地如入无人之境，金急调重兵移驻邓州，以阻止蒙古军北上。金军主帅完颜合达领骑兵15万，撤离邓州防线，赶赴南京。

三峰山

金哀宗天兴元年（1232）春，蒙古拖雷率军至邓州，恰遇金国完颜合达、移剌蒲阿和恒山公武仙、杨沃衍两支救援南京的近30万军队。拖雷采用步将苏布特袭扰的计策，派3 000精骑尾追金军，“敌驻我扰，敌战我走”，从南阳地区追至禹州境内的沙河（今禹州市顺店镇柳林村南）。拖雷派5 000名骑兵埋伏于沙河以北，金军夺桥以过，蒙军不战复南渡沙河。金军在北岸扎下了营盘，蒙军重新渡过河，来袭击立足未稳的金军。金军顾不得吃饭，且行且战向东逃奔，来到黄榆店，这里距禹州城南25里。第四天，金国朝廷又下达了新的命令，急令两支金军赶赴京师。

第五天，金军发兵向北，刚到三峰山，突降大雪，金军不能行动。纷纷扬扬的大雪连降三日，蒙古兵由颍河北岸齐集，用大树堵塞下山的所有道路，只留三峰山东北、西南方向。蒙古先锋武高围其西南，杨樊阻其东北，只留三峰山之东，30万金军被包围在方圆约20里的狭小地段。金将按得木、张惠刚欲冲下山去，而这时大雪纷飞，对面不见人影，山下又多是农田淤土，人马踩踏，埋没膝盖，金军多次冲锋都冲不出去。在这样极端恶劣的天气下，金国将士身披战甲僵立雪中，冻得如一个个椽子，三天无吃无喝。而拖雷追军又得到颍河之北窝阔台派来的大军支援，将金军四面包围。天寒地冻，蒙古军架起木柴烧火取暖，把牛羊肉烤熟来吃，士兵们轮流休息。待金军困乏到了极点，他们才放开通向禹州城的道路，让金军出走。在金军出逃时，托雷又派精兵乘势夹击，金军全线崩溃，哭喊声如山崩地裂。完颜合达仅率数百骑兵败入钧州城内，其他金军除武仙30骑侥幸逃脱外，樊泽、张惠、高英战死于柿园（今三峰山东南），移剌蒲阿于颍河北岸被蒙古军活捉。蒙古军随之攻破钧州城，完颜合达在禹州城内被乱军所杀，完颜陈和尚被拖雷劝降未果被杀，杨沃衍杀劝降部将后自焚。

经过三峰山大战，金国精锐部队被消灭殆尽，金朝自此再也没有能力和蒙古军对抗了，灭亡遂成定局。

• 许昌抗日保卫战 •

——共御外侮的民族壮歌

在许昌保卫战中，新编第二十九师师长吕公良率领3 000多名中国守军，誓死与许昌城共存亡，最终壮烈牺牲。是役，2 432名将士为国捐躯，用鲜血和生命书写了抗日战争史上浓重的一笔。

1944年4月，日本侵略军以陆空优势兵力五六万之众，在华北占领军司令官冈村宁次率领下，大举进犯豫中，企图打通平汉线，并攻取洛阳和豫西广大地区。

吕公良将军

为了保卫许昌城，重庆最高统帅部严令新编二十九师死守许昌。该师师长吕公良奉命后，慷慨激昂，严饬全城官兵同仇敌忾，誓与日军血战到底。4月24日下午，吕公良在城内剧院内进行战前动员，表明二十九师与许昌共存亡的决心。他在大会上说："守土抗战，保家卫国，人人有责。养兵千日，用兵一时，我们要有必胜的信心，要有与许昌共存亡的决心，誓死保卫许昌城！"会后他处决了3名日伪汉奸，并贴出布告，向许昌父老表明二十九师守卫许昌的决心，劝告许昌人民有计划地疏散，以减少不必要的人员伤亡和财产损失。同时，部队日夜赶筑城郊阵地和街道防御工事。

日军主力于4月29日晚完成了对许昌的纵深包围，天亮时首先击溃许昌东西两侧援军，把许昌变成一座孤城。4月30日拂晓，日军首先在城东、城南发起进攻，接着城西、城北也卷入战斗，四郊前沿阵地守军均与敌军打响战斗。在城南思故台，我守卫部队一个连，凭借工事，居高临下，给来犯之敌以迎头痛击。他们坚持到下午，连续打退敌人4次冲锋。日军恼羞成怒，把大炮推到离思故台很近的地方，地上大炮轰，空中飞机炸，把思故台阵地工事全部摧毁。守军在打退敌人几次冲锋后才开始后撤。在城西五郎庙，日军在炮火掩护下突破了二十九师前沿阵地。守军且战且退，逐村、逐阵地血战，9时30分在英美烟草公司旧址与敌人展开手榴弹战，一时形成胶着状态，遏制了日军的疯狂进攻。阻敌于北组庄的八十五团二营五连，凭借寨墙有利地形，给进犯的敌人以沉重的打击。日军虽施用毒气弹，守军仍继续战斗，胜利完成了阻击任务，撤回到城内主阵地。日军占领组庄后，继续向南攻击，进入我军设下的地雷阵，造成了很大的伤亡。

近郊前沿阵地的战斗，使日军感到二十九师是一块难啃的硬骨头，每前进一步都要付出很大的代价。日本防卫厅编写的《河南会战》一书中也承认，“北门攻击激烈，进展迟缓，估计正被牵制在北方”，“南门攻击的行动颇为迟缓”，“西门攻击队前进受阻，我们伤亡也在陆续增加”。直到4月30日中午，除外围据点被日军占领外，四关仍在守军掌握之中。日军对守军的顽强抵抗感到吃惊，原来攻占许昌的计划被打乱，不得不继续增援，集中火力攻击南门。下午5时，日军在仍无法向前推进的情况下，又出动了12架轰炸机，飞临许昌上空，在守军阵地上狂轰滥炸。日军的大炮也同时向西门外的房屋和城西南角集中轰击，战斗达到了最高潮。守军阵地在炮火下被摧毁，经过一番苦战，守军只好撤到了城内，日军占领了西关、南关。

下午6时许，日军的进攻又开始了。吕公良坐镇南门指挥战斗，连续挫败日军6次冲锋，为守住南门，吕公良向南门增援了一个补充营。日军对于许昌是志在必得，不惜代价连番攻击。6时20分，日军调来4辆坦克猛攻南门，10分钟后将城门攻破，冲入城内。但日军步兵未敢随坦克跟进，随后，敌军后续部队才冲进南门。当时守军团长李培芹正在师部（东大街商务会）向师长汇报南门战况，听到南门失守，急速向南跑去，亲自指挥溃败下来的部队打了一个反冲锋，然后和敌人展开了逐房逐屋的争夺。晚上10时左右，团长李培芹劝师长撤出阵地，吕公良坚定地表示了“不成功，便成仁”的决心，誓与许昌共存亡。

许昌城危在旦夕，吕公良多次向总部求援未果。为了避免全军覆灭，他决定突出重围。5月1日凌晨2时许，守军部队开始分头突围。当突围部队行到城东北大坑李村以南时，与日军大部队遭遇，战斗激烈，他们在麦地反复冲杀，团长杨尚武、连长张文远牺牲。师长吕公良拼死突围，不幸身中数弹，在警卫员搀扶下勉强行至于庄村，壮烈殉国。副师长黄永淮，也在和日军拼刺中阵亡。在许昌保卫战中，许昌守军除五六百人突围外，大部分战死，一部分被日军俘虏。

许昌保卫战虽然失败了，但守城勇士们的英雄气概和顽强不屈的精神将永远留在许昌大地上，留在中国人民的心中。

名人扫描

——汝颍固多奇士

魏武帝曹操曾说过："汝颍固多奇士。"这句话高度概括了许昌的人文特点，也被历史所证明。

"多"就是许昌历史名人的数量多。据不精确统计，自上古至清末，正史中有传可查的许昌籍名人有300多人（全国5 700余人，其中河南籍的912人），占同类河南名人的1/3强。

"奇"就是名气大，贡献卓著。在历代许昌名人中，有王侯皇后、文臣武将、文人墨客、名医大贾、宗教大师、能工巧匠、义夫节妇、民族英雄和农民领袖等。

许昌历史名人的另一个突出特点就是家族化。他们不仅一家数代多人为官为宦，而且在文化上颇多建树，出现了一批名士，形成了一批世家，产生了令人瞩目的世族名人文化。

• 谋财谋国吕不韦 •

吕不韦

吕不韦（？—前235），我国古代著名政治家，杂家思想主要代表人物。战国末卫国濮阳（今濮阳西南）人，原为阳翟（今禹州）大商人。

吕不韦原为一名“家累千金”的大商人，在赵都邯郸经商时，遇到在赵国做人质的秦公子异人，以为“奇货可居”。他首先以重金结交了异人，并通过贿赂等办法，说服没有子嗣但深受秦太子安国君宠爱的华阳夫人将异人改名子楚，收为己子，后又立子楚为太子。同时，吕不韦还将与他有孕的赵姬献给子楚，生子嬴政（即后来的秦始皇）。子楚即位为秦庄襄王后，吕不韦即被任命为国相、封文信侯。三年后，庄襄王死，嬴政即位，吕不韦仍为国相，被尊为“仲父”。

吕不韦掌握秦国大权后显示出了杰出的政治才能，为秦国的强大和兼并六国做出了很大贡献。在经济上，他继续执行商鞅的富国强兵方针，并修建了郑国渠，大大增强了秦国的国力；在政治上，他重用李斯、甘罗等一批人才，实行清明政治；在军事上，他加紧训练将士，不断蚕食六国领土，甚至果断灭掉了东周，初步形成灭掉六国的局势；在文化上，他广招门客，史称其养有“食客三千，家童万人”，并“使其客人人著所文”，集为《吕氏春秋》（又名《吕览》）一书，计26卷160篇20余万言，博采阴阳、道、墨、儒、法等各家学说，并保留有许多寓言和战国以前的佚文、史料及农业技术等方面的资料。吕氏自称其书“备天地万物古今之事”，是先秦流传下来的一部重要的文化典籍。该书成后，吕不韦还曾让人把

吕不韦奇货可居

它悬挂于咸阳城门上，提出“有能增损一字者予千金”，成语“一字千金”即源于此。

• 法家代表韩非 •

韩非

韩非（约前280—前233），战国末期韩国人，今河南禹州人（一说今驻马店西平人）。他是先秦法家思想的集大成者，和李斯同是荀况的学生。曾多次上书韩王，主张变革法治，富国强兵，但他的主张未被采纳。随后，他写下了《五蠹》《孤愤》等著作。

韩非的著作传到秦国后，引起秦王嬴政的极大兴趣，他赞叹说：“寡人能见到此人并与之交流思想，死而无憾！”韩非到秦国不久，李斯担心韩非一旦被秦王重用后会威胁到自己的地位，便向秦王进谗并将其害死于狱中。韩非虽死，但他的思想和学说却被继承了下来，秦王嬴政实际上正是运用韩非的治国思想，建立起了中国历史上第一个封建专制主义的中央集权制度。韩非的思想学说后来对中国历代封建统治者都产生了深远的影响。

韩非著有《韩非子》55篇，在总结商鞅、申不害等人的思想和实践的基础上，系统地提出了一套“以法为本”，“以法为教”，“法”“术”“势”相结合的统治理论。他强调必须以统治阶级的政策法令统一人们的思想，并且坚持做到“法不阿贵”，树立法律的绝对权威。他主张大力强化君主的地位和权力，同时建立起一套严密的任免、考核、赏罚各级官吏的方法和手段。他还指出了可使国家败亡的47种征象，认为必须根据时代的变化和实际需要采取相应的对策。

读《韩非子》谈法律之公

韩非不但是一位杰出的思想家，在文学上也有很大贡献。他非常善于运用生动的寓言故事说明深刻的道理，像“守株待兔”“自相矛盾”“买椟还珠”“滥竽充数”“削足适履”“郢书燕说”等，早已成为人们熟知的成语。

• 著名军事家张良 •

张良

张良（？—前189或前190），字子房，我国古代著名政治家、军事家。相传为城父（今襄城县西南）人。

张良的祖父和父亲相继为韩国五世相。其父卒后20年，韩国被秦所灭。为恢复韩国，张良以全部家财结交刺客，在今河南原阳县东南的博浪沙，以120斤重的铁锤狙击东游途经此地的秦始皇，但误中车夫。秦始皇为此大索天下，张良便隐姓埋名，亡匿下邳（今江苏睢宁北）。传说他在圯上遇到黄石公，得《太公兵法》，由此深谙用兵之道，同时也为后人留下了一段“圯桥进履”的千秋佳话。陈胜、吴广起义后，张良聚众响应，初归刘邦，不久又游说项梁立韩国贵族韩成为韩王，张良任韩司徒。后韩王为项羽所杀，张良又复归刘邦，成为刘邦的重要谋士。楚汉战争期间，张良提出不立六国后代，联结英布、彭越，重用韩信等战略，均为刘邦所采纳。后来，楚汉因相持不下，相约以鸿沟为界，中分天下。张良劝说刘邦应乘势追击，万不可养虎为患。刘邦听从了张良的计策，乘项羽撤兵之机全力追击，最终击败项羽。刘邦称赞张良“运筹帷幄之中，决胜千里之外”，后世亦因张良在帮助刘邦兴汉灭项方面功绩卓著，称张良、萧何和韩信为“汉初三杰”。

西汉王朝建立后，张良被封为留侯。但受封不久，张良即托疾隐退，以崇信黄老之学、神仙道术自保。卒后谥文成侯。

央视网

谦逊待人 张良守礼遇高人

智囊御史晁错

晁错（前200—前154），著名政治家，西汉颍川（治今禹州）人。

晁错初从张恢学申不害、商鞅的法家学说。文帝时，他担任太常掌故，曾奉命从故秦博士伏生学《尚书》。其后他又出任太子家令，因善于分析辩论，得到太子（景帝）信任，被称为“智囊”。景帝即位后，晁错官至御史大夫。他继贾谊之后，向朝廷提出了加强中央集权、预防匈奴、治国经邦等一系列重要主张，对我国第一个封建盛世“文景之治”的形成做出了重要贡献。但其人由于刚直严厉，只知谋国而不知保身，得罪了不少朝中文武，又因其力主“削藩”，为诸侯王所嫉恨，最后在吴、楚等封国以所谓“诛晁错”“清君侧”为名义发动的“七国之乱”中被冤杀。

央视网

不得已的选择 究竟是谁杀了晁错

晁错的治国思想，集中体现在他的《说景帝削藩疏》《言兵事疏》《论贵粟疏》《论募民徙塞下书》《守边劝农疏》等一系列奏疏中。在这些奏疏中，他一是主张君主亲历政务，任用贤良之臣；二是主张重农抑商，奖励农耕；三是力主削藩，加强中央集权；四是主张募民充实边疆，预防匈奴的入侵；五是提出择将须良和以长击短等巩固边防的措施。这些建议，不仅对当时的政治、经济发展发挥了重要作用，对后世安邦治国也产生了重要影响。后来汉武帝实行的军屯、曹操实行的屯田等，一定程度上可以说是对晁错这方面思想的运用和发展。

颍阴侯灌夫

灌夫（？—前131），字仲孺，颍川郡颍阴（治今许昌市）人。西汉时期官员，本姓张，因父亲张孟曾为颍阴侯灌婴家臣，被赐姓灌。

灌孟受到灌婴的宠信，被推荐任职，官至二千石级。吴楚叛乱时，灌婴担任将军，是太尉周亚夫的部下，他向太尉推荐灌孟担任校尉。灌夫带领1 000人与父亲一起从军。灌孟每逢作战，常常攻击叛军的坚固阵地，后来战死在吴军中。按照当时军法的规定，父子一起从军参战，有一个为国战死，未死者可以护送灵柩回来。但灌夫不肯随同父亲的灵柩回去，他慷慨激昂地表示：“希望斩取吴王或者吴国将军的头，以替父亲报仇。”于是灌夫披上铠甲，手拿戈戟，召集了军中勇士几十人，等到走出军门，很多人又退缩了，只有两人和灌夫属下的10多个奴隶飞奔冲入吴军中，一直到达吴军的将旗之下，杀死、杀伤吴军几十人。不能再继续前进了，灌夫又飞马返回汉军营地，所带去的奴隶全都战死了，只有他一人活着回来。他身上受重创十多处，恰好有名贵的良药，所以才得不死。灌夫的创伤稍稍好转，又向将军请求说：“我现在更加了解吴军的营垒，请您让我再回去。”将军认为他勇敢而有义气，恐怕他战死，便向太尉周亚夫报告，太尉便坚决地阻止了他。等到吴军被攻破，灌夫也因此名闻天下。

汉武帝即位，因淮阳是天下军事要地，便任命灌夫为淮阳太守。建元元年（前140），灌夫入京，担任太仆。次年，灌夫与长乐宫卫尉窦甫饮酒，酒后殴打窦甫。窦甫是窦太后的兄弟，汉武帝怕太后斩杀灌夫，便改任他为燕国宰相。后归隐。灌夫为人刚直，与当时朝廷重臣田蚡不和，有一次，他在田蚡处借酒醉辱骂田蚡，田蚡奏知朝廷，将灌夫以大不敬之罪斩杀。

许昌“灌台”相传为灌婴屯兵于颍阴时所建。东汉末年，曹操迎汉献帝都许后，屯兵于颍阴城。每逢佳节，曹操即带将士登台同庆共乐，以消除将士对故土的怀念，遂将此台改名为“思故台”。

• 增补《史记》褚少孙 •

褚少孙（生卒年不详），西汉颍川（治今禹州）人，客居沛地（今江苏沛县）。汉元帝、成帝时博士，曾为侍郎。

褚少孙早年求教于汉朝大儒王式。他遵循王式的教诲，认真研究百家学说，终于成就了自己的学术体系。他的学问兼采百家之长，融会贯通，自成一体；他的文章，尤以严谨质朴而被称颂一时。汉成帝年间，褚少孙与唐长宾一起应博士弟子试，他在进见主考的博士时，衣冠严整，态度从容端正，对博士们提出的问题，有自己独特的见解，遇到自己不懂的地方，就如实回答说“不会”，因此得到众博士的赞赏，一致推选他为博士弟子，专门学习《春秋》。学习期满，因成绩优异被任命为郎（官名）出入皇宫，担任宿卫之职，后升为博士。

褚少孙的最大成就在于对《史记》的增补。司马迁死后，他的史学名著《史记》广为流传，也深得褚少孙的喜爱。尤其是《史记》中的列传，更令他百读不厌，不过让他感到遗憾的是，司马迁去世时，尚有《景帝纪》等没有写完。他阅读前朝典籍，拜访学识渊博的人，费尽周折，历尽艰辛补《史记》之缺。他补写的有《景帝纪》《武帝纪》《陈涉世家》《外戚世家》《梁孝王世家》《三王世家》《张丞相列传》《平津侯列传》《日者列传》《龟策列传》及《滑稽列传》附录，补缀了《史记》所缺，保存了史学资料等。现在《史记》中凡由褚少孙补记的篇章，其按语都署名“褚先生曰”。

褚少孙还是禹州世家大族——褚氏家族的起始人。这个家族自西汉中期至唐代后期历时800多年20多代，人才辈出，各领风骚。

• 祭氏二雄遵和彤 •

■ 祭遵

祭遵（？—33），字弟孙，东汉初颍川颍阳（今许昌西南）人。祭遵从小就爱读书，虽然家里富裕，却恭谨俭朴，经常穿着粗布衣服。母亲死时，他亲自背土起坟。刘秀带兵经过颍阳，祭遵以县吏的身份几次进见，随刘秀从征河北，为军市令。刘秀的舍中儿（家奴）犯法，祭遵将其斩杀，刘秀大怒，下令将祭遵收监。这时主簿陈副劝谏说：“主公一向希望能够军容整齐，纪律严明，现在祭遵奉行法令不避权势，正是教化法令所需的呀。”于是刘秀便赦免了祭遵，拜他为刺奸将军。刘秀对诸将说：“对祭遵要多加小心！我舍中儿犯法，他照样杀了，对你们是绝对不会徇私的。”不久，拜祭遵为偏将军，跟随平定河北，以功封列侯。

建武二年（26）春，祭遵被拜为征虏将军，定封颍阳侯。他率军南击弘农等地蛮中贼时，被敌人的弓箭射中嘴巴，鲜血直流。部将看到祭遵受伤，就慢慢撤退，祭遵大声呵斥阻止他们，于是，士卒勇气倍增，大破敌军。建武六年春，祭遵与众将一起跟随光武帝到天水讨伐公孙述，祭遵屡次挫败敌将隗嚣。建武八年秋，祭遵又随光武帝由陇道西上出征隗嚣。隗嚣被打败以后，光武帝亲临祭遵军营犒赏士卒，看到祭遵有病，下诏赏赐他双层坐褥，上面覆盖着皇帝用的御盖。后来公孙述遣兵救援隗嚣，吴汉、耿弇等大将都撤军而回，只有祭遵留在前线抗击敌人。建武九年春，祭遵卒于军中。

祭遵为人廉洁简约，小心谨慎，克己奉公，所得赏赐都分发给士卒，家无私财，深得光武帝敬重。祭遵下葬时，光武帝又亲临葬礼，把将军、侯印绶赠给他，谥号为成侯。下葬之后，光武帝车驾复临其坟，问候祭遵夫人室家。其后，每到朝会，光武帝每每想起祭遵，就会感叹说："哪里还能找到像祭征虏这样忧国奉公的人呢？"

■ 祭肜

祭肜（？—73），字次孙，是祭遵的从弟。早孤，以至孝见称。适遇天下大乱，野无烟火，而独自守在父母冢侧。贼人每次经过，见其年幼而有志节，都惊奇而哀怜。起初，光武帝以祭遵的缘故，拜祭肜为黄门侍郎，留在自己身边。祭遵死后无子，光武帝非常感伤，就任命祭肜为偃师长，令其近祭遵坟墓，四时奉祠之。

祭肜有权略，治理偃师五年，县无盗贼，政绩考核第一，升迁为襄贲令。当时天下尚未完全平定，襄贲县盗贼白日公开作恶。祭肜一到任，就杀掉奸人，消灭其余党。几年后，襄贲县政治清明，皇帝下诏增秩一等，赐缯百匹。当时，匈奴、鲜卑及乌桓等少数民族屡次入塞杀戮抢劫，朝廷深以为忧，不断增加军队，又派众将领分兵屯守要塞。光武帝认为祭肜能力过人，建武十七年拜其为辽东太守。祭肜一到任就厉兵秣马。

祭肜力气过人，能使用300斤的重弓，每当敌人进犯，就身先士卒，屡次击败敌人。建武二十一年，鲜卑万余骑进攻辽东，祭肜率数千人迎击，亲自披甲上阵，敌人慌忙逃跑，投水而死者过半。祭肜遂追出塞外，斩首2 000余级，获马数千匹，自此，鲜卑不敢再次窥塞。

祭肜认为匈奴、鲜卑及乌桓如果联合起来，必将成为东汉的边害。建武二十五年，就派使者和鲜卑交好，示以财利。鲜卑大都护偏何派使者来进贡希望允许他们归顺，祭肜即慰纳赏赐。之后，高句丽等族陆续进入边塞，进献貂裘好马。光武帝总是加倍赏赐他们，不久，偏何部落各路豪强全部归顺。祭彤说："你们确实想立功的话，就该回去攻打匈奴，杀了人头送来才是真的。"偏何即击匈奴左伊秩訾部，斩首2 000余级，来拜见祭彤。其后鲜卑年年攻击匈奴，战后就送来首级领受赏赐。从此匈奴衰弱，边无寇警。鲜卑、乌桓也一同入朝进贡。祭彤之威名遂扬于北方，西至武威，东尽玄菟及乐浪，胡夷皆来内附。边境遂太平无事。

祭彤在辽东将近30年，后来升任太仆。汉明帝每次看到他，就赞叹说可委以重任。后来光武帝到东方巡狩，经过鲁地，坐在孔子讲堂，指着子路的房子对左右说："此太仆之室。太仆，吾之御侮也。"永平十六年（73）二月，祭彤以太仆的身份率领万余骑兵与南单于左贤王信讨伐北匈奴，约定两军在涿邪山会师。左贤王信当初和祭彤有仇，走出高阙塞900多里，见到一座小山，就谎称说是涿邪山。祭彤赶到后不见匈奴兵而回师，因而获罪下狱，后被赦免。

祭彤沉毅内重，自恨见诈无功，出狱数日即呕血而死，临终前对其子说："我蒙国厚恩，不可以无功受赏，死后若蒙皇上赏赐不能接受，你们要到军队效力。这才符合我的心愿。"

祭彤死后，其子祭逢上书陈述父亲的遗言。汉明帝一向很器重祭彤，正想再次重用，闻讯后十分吃惊，召见祭逢询问祭彤的病情，嗟叹了很长时间。乌桓、鲜卑也不断追思祭彤，每次朝贺京师，都到他的坟前拜谒，仰天号泣后才离开。辽东官民为他建庙立祠，四季祭祀他。

• 云台二十八将之王霸 •

王霸（？—59），字元伯，颍川颍阳（今河南许昌）人。东汉将领，云台二十八将之一。他祖父、父亲均为狱吏，可谓"狱吏世家"。他喜欢法律，却不愿做小狱吏，父亲见他志向高远，就把他送到长安学习。汉兵起事时，刘秀路过颍阳，王霸毛遂自荐，愿为刘秀效犬马之劳。

刘秀到河北后，日子颇为艰难，跟王霸一起来的门客都渐渐离开了，只有王霸

王霸

依然跟随。刘秀很感动，对王霸说："颍川人跟着我的都走了，唯有你留了下来。努力吧，疾风知劲草！"

王霸顾全大局，很会见机行事。一次，刘秀率部南下曲阳（今河北晋州市西北）。传闻王郎的追兵紧追在后，将士们很害怕。接近滹沱河（在今河北省境内）时，候吏（古代掌管、整治道路稽查的官员）报告，河面上浮着薄冰，没有船只，无法渡河。官属大惧。刘秀命王霸前去察看。回来后，王霸害怕说出实情惊扰部队，带来更大的混乱，心想，干脆前进，被阻住了再说，于是向刘秀撒谎："河面结冰可以过去。"大家都很高兴，刘秀也笑着说："候吏果然是胡说。"说完，催军前进。部队到了河边，河水已经结冰，刘秀命王霸护军过河。最后还剩几骑人马没有上岸，冰又化解了。刘秀夸奖王霸："我们能够安然渡河，全凭你啊！"王霸谦逊地说："这是您品德至上、神灵保佑的结果。"刘秀又对部下说："王霸的权宜之计成就了大事，大概是上天的吉祥之兆吧。"

王霸还很会用兵。建武四年（28）秋，刘秀派王霸与捕虏将军马武东讨梁王部将周建。梁王的另一部将苏茂率4 000多人前来援救周建，途中，先派精锐部队截击了马武的军粮。马武前往救援，这时，周建从城中冲出，与苏茂对马武形成夹击之势。马武仗着有王霸做援军，并不奋勇拼杀，所以被打败。马武的兵士狂奔至王霸军营，大声呼救。王霸不但不救，还闭营坚壁，说："贼兵盛，出必两败，努力而已。"将士们不满王霸这种做法，跟他争执。王霸解释说："茂兵精锐，其众又多，吾吏士心恐，而捕虏与吾相恃，两军不一，此败道也。今闭营固守，示不相援，贼必乘胜轻进；捕虏无救，其战自倍。如此，茂众疲劳，吾承其弊，乃可克也。"苏茂、周建果然倾巢出动进攻马武。马武与之激战了好长时间。这时，王霸营中路润等数十将士心急如焚，群情激奋，甚至断发请战。王霸见部下锐气已盛，便率领精锐骑兵冲出营垒，猛袭敌军后阵。周建、苏茂前后受敌，惊乱败走。王霸、马武各自归营。不久，敌人重新聚集兵力，到营前挑战。王霸坚守不出，在营中设宴，犒赏将士，饮酒作乐。苏茂命部下向营中射箭，箭密如雨，把王霸面前的酒杯都射中了。王霸依然安坐不动。部下军吏们都说："茂前日已破，今易击也。"王霸却说："不行，苏茂客兵远来，粮食不足，故数挑战，以求速战速决。今闭营休士，所谓不战而屈人之兵，善之善者也。"苏茂、周建求战未得，只好引军回营。当天夜里，周建的侄儿周诵在城中起事，紧闭城门，不放苏茂、周建入城。二人只好偷偷逃遁。周诵则献城降汉。

在对待匈奴的问题上，王霸的眼光更为长远。他于建武九年（33）被任命为上谷（今河北张家口）太守，至建武十三年，五年中在上谷、雁门（今山西代县）、平城（今山西大同）一带与匈奴作战，颇识边事。因此，他"数上书言宜与匈奴结和亲"，被刘秀采纳。

与大多数军事将领一样，王霸也爱兵如子。他与臧宫、傅俊共营，"霸独善抚士卒，死者脱衣以敛之，伤者躬亲以养之"。光武即位后，熟知王霸晓兵爱士，可独当一面，拜其为偏将军。

• 天下楷模李元礼 •

李膺（110—169），字元礼，颍川襄城人。东汉末叶清流领袖，曾任青州刺史、渔阳和蜀郡太守、护乌桓校尉、河南尹。延熹八年（165），升迁司隶校尉。

他性情简傲，不与庸俗官吏交接，但对博学有高行的人，却十分礼敬。当时朝政日非，纲纪不振，宦官弄权，祸国殃民。李膺与以郭泰、贾彪为首的太学生及名臣陈蕃等，同宦官集团进行了20余年的斗争，朝野震动，人人景仰。在当时的士大夫中，谁能受到李膺的接见，便认为是无上荣幸，称作"登龙门"。太学生推崇他为"天下楷模李元礼"。李膺任护乌桓校尉时，亲冒矢石，拭血奋战，击退鲜卑人的多次入侵。因此，他在北方少数民族中也有很高的威望。永寿二年（156），边境不宁，他又被朝廷任命为度辽将军去镇守边塞。先是羌人、疏勒、龟兹屡犯张掖、酒泉、云中各地，边民深受其祸。李膺至，犯边者俱闻风慑服，不再进犯，并将以前掳去的男女人丁全部送还。

延熹九年（166），李膺因宦官向桓帝诬告他与太学生结党毁谤朝廷而被捕下狱，释放后禁锢终身不得为官。

永康元年（167），桓帝死，灵帝继位，窦太后临朝听政。外戚窦武掌握实权，启用李膺为长乐少府。他与窦武和陈蕃等谋除宦官失败，再次被废。建宁二年（169），党锢之祸又起，乡亲们闻悉后，都劝李膺躲避，他叹息说：“事不辞难，罪不逃刑，是人臣应有的气节。我年已六十，生死有命，何须逃出！”遂自投诏狱，被拷打至死，妻子徙边，门生故吏及其父兄皆被禁锢，受株连者达六七百人。

• 荀氏三雄爽、彧、攸 •

东汉年间，颍川颍阴（今许昌市）兴起了一个荀氏家族，至南北朝绵延十数代，统领风骚几百年。荀爽、荀彧、荀攸更是其中的佼佼者。

■ 十二为人师的荀爽

荀爽（128—190），一名谞，字慈明，自幼聪敏好学，12岁即通《春秋》《论语》。时人评赞说：“荀氏八龙，慈明无双。”太尉杜乔评其“可为人师”。桓帝延熹九年（166），荀爽以孝被举，拜郎中，后弃官归家。为避党锢之祸，荀爽遁居汉水之滨10余年，专以著述为事，人称硕儒。党禁解，司空袁逢荐荀爽做官，他不去就任。献帝即位后，荀爽被征召，躲官不及，任平原相。行至宛陵（今安徽宣城市），又追任光禄勋。任职三天，晋升司空。后愤董卓暴政，祸国殃民，参与司徒王允谋除董卓义举。举事前病卒，终年63岁。

荀爽一生著述甚丰，有《礼》《易传》《诗传》《尚书正传》《春秋条例》等，并搜集汉代可供借鉴的兴衰事例，作《汉语》，又作《公羊问》《辩谶》等，题名《新书》。

■ 知人善任的荀彧

荀彧（163—212），字文若，三国时曹操著名谋士。荀彧少承家学，有才名，举孝廉，后任亢父（今山东济宁市南）县令。董卓叛乱，弃官回乡。后到冀州，袁绍待以上宾。因袁绍外宽内忌，志大才疏，荀彧遂于献帝初平二年（191）投奔曹操。曹操与其交谈后高兴地说：“吾之子房也！”授奋武司马。

献帝建安元年（196），曹操采纳荀彧等人的建议，迎献帝迁都于许，从而取得了“挟天子以令诸侯”的政治优势。曹操外出征伐，军国大事都由荀彧处置。荀彧知人善任，推荐荀攸、钟繇、郭嘉等智谋贤士，使曹操如虎添翼。官渡大战前，曹操因为袁绍兵力雄厚，颇多忧虑。荀彧充分分析双方的形势和特点，指出可以战胜的有利条件，使曹操树立必胜信念。建安五年，官渡大战开始，双方相持既久，曹操因兵少粮缺，想退师还许，写信征求荀彧意见。荀彧立即回信劝曹操坚持下去，出奇制胜。最后曹操以少胜多，取得了官渡大战的胜利。接着，荀彧又建议曹操乘胜追击，消灭袁谭、袁尚，平定青、冀、幽、并等州，进而定辽东，平乌桓，统一了整个北方地区。建安八年，荀彧被封为万岁亭侯。曹操以张良比荀彧，军国大事多与其筹谋，并将女儿安阳公主嫁荀彧长子荀恽。

央视网

误读的聪明
荀彧的大智慧

三请荀彧

荀彧

建安十七年，董昭等倡议请献帝封曹操国公爵位，以表彰其特殊功勋，征询荀彧的意见时，荀彧反对。曹操得知后，颇为不悦。不久，曹操大军南征孙权，表奏荀彧到前方犒劳军士，趁机将其留在军中，以侍中光禄大夫持节，参与丞相军事。行军途中，荀彧因病留在寿春（今安徽寿县），后忧愤而死。是年50岁，谥敬侯。

荀彧为人谦恭节俭，折节下士，刚正

不阿，不贪财物，所得赏赐都分给宗亲和旧部，死后家无余财。

曹操的得力谋士荀攸

荀攸（157—214），字公达，三国时曹操的谋士。荀攸出身士族，东汉末年大将军何进当权时，任黄门侍郎。董卓乱起，荀攸与何颙等人密谋除掉董卓，因事情败露而被捕入狱。在狱中，何颙忧惧自杀，荀攸却饮食言谈自若。董卓被诛后，荀攸出狱还乡。

建安元年，曹操奉迎汉献帝都许，征拜荀攸为汝南太守，后为尚书。曹操素闻荀攸之名，任其为军师。建安三年，荀攸随曹操征讨张绣，打败张绣军。同年，曹操征讨吕布，采纳荀攸、郭嘉之计，生擒吕布。其后，荀攸帮助曹操设计解白马之围，斩袁绍名将颜良；又在延津击败袁绍军，除文丑。官渡之战时，他为曹操出谋划策，火烧袁绍辎重，迫使张郃投降，袁军败逃。建安七年，荀攸又帮助曹操利用袁氏兄弟之间的矛盾，击败袁尚，斩袁谭，平定了冀州，被封为陵树亭侯。建安十二年，荀攸增邑400户，转为中军师。

荀攸大智若愚，为人忠厚谦让，曹操对他极为赞赏，并要其子曹丕尽礼敬奉他。建安十九年，荀攸随曹操征讨孙权时，病死途中。正始五年（244），追谥敬侯。

笑林鼻祖邯郸淳

邯郸淳（约132—？），字子淑，汉末颍川（治今禹州）人，建安时期著名的文学家、书法家。《三国志·王粲传》注引《魏略》：淳博学有才，精于古文、诗歌、大篆、小篆。他著有《笑林》三卷，所记的是诙谐的故事，为中国最早的笑话专书，邯郸淳因此被称为“笑林鼻祖”。

邯郸淳少有异才。汉元嘉元年（151），上虞县县长度尚为孝女曹娥立碑，邯郸淳于席间作碑文，一挥而就，遂名声四扬。汉初平年间，邯郸淳从长安“避乱荆州”，曹操慕名召见了他，言谈中对他的才学十分佩服。邯郸淳与曹植关系甚为密切，屡屡称赞曹植的才学，曹丕不悦，故邯郸淳未能得到重用，直到魏黄初年间，邯郸淳才获任博士给事中。

邯郸淳书法师曹喜，造诣很深。南梁袁昆《古今书评》谓：“邯郸淳应规入矩，方圆乃成。”唐《书断》称淳：“八体悉工……尤精古文、大篆、八分隶书。”并将其书作列为妙品。邯郸淳在文学上的建树甚多。他所作的《投壶赋》，文辞优美，意境超群，受到曹丕的称赞。《魏略》载：“淳作《投壶赋》千余言奏之，文帝以为工，赐帛千匹。”《笑林》开我国古典小说的先河，对汉末社会的各个方面做了全方位、多角度的深刻反映。原书已佚，现仅存1卷，共22则。

• 楷书之祖钟繇 •

钟繇

钟繇（151—230），字元常，颍川长社（今长葛市东）人，三国魏大臣、书法家。钟繇生于书香门第，曾祖钟皓为东汉文学名士。父钟迪，党锢不仕。钟繇初举孝廉，累迁至黄门侍郎，后又被封为御史中丞、侍中守司隶校尉，成为汉末朝廷重臣。曹丕称帝后他改任廷尉，加封嵩高乡侯，后又被任命为太尉，转封平阳乡侯。魏明帝曹叡即位后，又加封钟繇定陵侯，拜太子太傅，世称钟太傅，年80卒。

虽然钟繇在政治上相当得意，但相比而言，他的最大贡献还是在书法上。他与东晋大书法家王羲之并称“钟王”。然史载王羲之少时曾向卫夫人学习书法，而卫夫人的书法则学于钟繇。钟繇一生酷爱书法，盛暑严寒练书不辍。历史上曾流传许多钟繇学习书法的动人故事。例如他家旁有一池，常用来洗刷笔砚，致使池水尽黑。钟繇常以物画画练字，长达数尺，睡前坐在床上，用手指当笔，在被子上摹

央视网

钟繇——一个开书体新风的人

钟繇学书

画，久而久之，把棉被画出窟窿。他在和人说话时，常常边说话边在地上练字，以至数步之内都写满了字。

钟繇师从刘德昇，又博采众长，兼善各体，对篆、隶、行书均有深湛的研究，尤精隶、楷书，点画之间多有异趣。他写下了大量的楷书作品，形成了刚柔兼具、朴茂幽深的书法风格，成为由隶入楷的创始者，被后人尊为“楷书之祖”。陈武帝陈霸先说：“钟繇书法，如云鹤游天，群鸿戏海。”唐书法家张怀瓘说：“钟繇隶书入神，八分入妙。”其传世作品有《宣示表》《力命表》《贺捷表》《荐季直表》《公卿将军上尊号奏》碑和《受禅表》碑等，其中《公卿将军上尊号奏》碑和《受禅表》碑被称为“三绝碑”。

• 屯田都尉枣祗 •

枣祗

枣祗（生卒年不详），东汉颍川阳翟（今禹州）人，早年任羽林监官，东汉末年跟随曹操征战。

当时中原一带群雄割据，连年混战，使农业生产遭到严重破坏，以致“民人相食，州里萧条”。建安元年（196），曹操迎汉献帝都许后，枣祗和韩浩向曹操建议实行屯田，以充实军粮。曹操采纳了他们的建议，任命枣祗为屯田都尉，在许县（今许昌市一带）募民屯田，当年得谷百万斛（1斛=100升）。为适应屯田需要，枣祗组织农民兴修水利，在许昌开挖了运粮河、枣祗河、高底河等几条河渠。这些河渠既能灌田，又能通航。于是，曹操在所占领地区例置田官，推广屯田制，军队中实行军屯。数年中，仓廪皆满，百姓富足，既恢复了北方的农业生产，又保证了军队的粮食供应，为曹魏战争的胜利奠定了物质基础。

枣祗建议实行的屯田制，开创了大规模“寓兵于民”的先例，为以后历代封建王朝所仿效。

功高命短郭奉孝

郭嘉（170—207），字奉孝，颍川阳翟（今禹州）人，东汉末曹操谋士。

郭嘉初投袁绍，认为袁绍好谋无决，难成大业，于是毅然离去。后经荀彧推荐，归附曹操。曹操与他纵论天下大势后，禁不住称赞道：“使孤成大业者，必此人也。”遂任郭嘉为司空军师祭酒。建安三年（198），曹操征讨吕布，久攻不克吕布驻守的徐州城，后采用郭嘉、荀攸的计谋引水灌城，终于攻下徐州，生擒吕布。

官渡之战后袁绍忧愤而死，曹操准备乘胜进攻袁绍之子袁谭、袁尚。郭嘉、荀攸认为可利用袁氏兄弟争夺冀州的矛盾，以待其变。曹操采纳了这一计谋，果然曹军刚向南佯攻刘表，袁氏兄弟就为争夺冀州而互相残杀，曹操趁机挥戈北上，击败了袁氏兄弟。郭嘉因在平定冀州战斗中功绩卓著，被封为洧阳亭侯。建安十二年，曹操远征三郡乌丸，诸将多惧怕刘表会趁机派刘备袭击许都，唯郭嘉认为刘表不会任用刘备。曹操采纳了郭嘉的建议，轻装前进，神速出击，打破了乌丸及袁尚残余势力。

郭嘉不仅深通筹略，而且通情达理，为人忠厚。他体弱多病，仍拖着病体从征，在远征乌丸归来的路上病逝。曹操悲痛不已，哀其功高命短，奏表汉献帝，增邑八百户，谥贞侯。后来曹操在赤壁之战中惨败，他追思郭嘉道：“如果郭奉孝在，不会有此失败。”并叹息道：“哀哉奉孝！痛哉奉孝！惜哉奉孝！”

郭奉孝兵贵神速

• 庾氏三杰亮、翼、冰 •

庾亮、庾冰和庾翼是东晋颍川鄢陵（今属许昌市）人，是明穆皇后庾文君的兄弟，他们三人贵为皇亲国戚，居权位，却慎戒骄横，鼎力支撑朝局，受到世人赞扬。

■ 庾亮

庾亮（289—340），字元规，是庾氏家族的中坚，也是其家族中最负盛名的名士，颍川庾氏家族的兴旺发达最终由他促成。

据《晋书》记载，庾亮“美姿容，善谈论，性好庄老”，却“风格峻整，动由礼节，闺门之内不肃而成，时人或以夏侯太初、陈长文之伦也”，具有儒道兼修的气度。西晋怀帝永嘉五年（311）随父至会稽，元帝司马睿初镇江东，闻其声望，辟为西曹掾。及引见之，风情都雅，过于所望。后拜中书郎，领著作，侍讲东宫，与太子结为布衣之好。同年，妹文君被立为王长子绍妃，庾亮转参丞相军事、掌书记。至此，庾亮凭借自身的文学素养和风流名望进入了东晋的政治舞台，并与当朝大臣温峤、谢鲲、羊曼等放达之士建立了密切的关系，在世家大族中备享盛誉。

建武元年（317），元帝继位，东晋初建，庾亮因与帝室联姻拜中书郎，累迁给事中、黄门侍郎、散骑常侍、中领军等职，政治地位日益显赫。

明帝临朝后，庾亮因为既与皇室有姻亲关系，又与明帝有布衣之交，且还具有政治才干，所以成为明帝重视和信赖的主要人物。据《资治通鉴·晋纪十四》记载：“太宁元年（323）六月，壬子，立妃庾氏为皇后；以后兄中领军亮为中书监。”庾亮上表坚决推辞，明帝听从了庾亮所请。当时王敦萌生叛逆之心，心中忌恨庾亮，而表面上却很敬重他。庾亮感到忧虑，因病而离职。不久又代替王导出任中书监。太宁二年，王敦起兵后，朝廷拜庾亮为左卫将军，与诸将一起抵抗王敦的部将钱凤。七月二十七日，沈充败走吴兴郡时，明帝又授任庾亮持节、都督东征诸军事，率兵追击沈充。王敦之乱平定后，庾亮因功被封为永昌县开国公，赐绢5 400

士族庶族

匹，但他坚决推辞不接受。后又转任护军将军。

庾亮执掌政权之后，开始削减对他造成威胁的宗亲势力。如司马宗由三品左卫将军升至二品骠骑将军，却没有任何实权，只不过是得到了一个虚衔而已；又如司马羕虽身为辅政大臣，实际上不过是世族的点缀，形同虚设。这样一来，宗室对于世族专权的情形十分不满，“宗遂怨望形于辞色”，亮、宗两人之间的矛盾不断激化，出现了“庾亮欲诛之，宗亦欲废执政”的政治僵局。咸和初年（326），御史中丞钟雅弹劾司马宗图谋造反，庾亮派右卫将军赵胤拘捕司马宗，司马宗领兵抵抗，被赵胤击杀，家族亦被贬黜。其兄司马羕“坐弟南顿王宗免官，降为弋阳县王”。至此，庾亮终于消灭了宗室诸王力量，巩固了自己作为世家大族的政治地位。

剪除宗族势力以后，庾亮不听群臣劝谏，执意征苏峻入京，最终造成了苏峻之乱。苏峻攻入京师后，没有实际军权的庾亮只能仓皇逃奔温峤，共推他此前一贯轻视的、士人称之为“溪狗”的寒士陶侃为盟主，才最终平定了动乱。

苏峻之乱也让庾亮在思想上有了很大改变，使他意识到没有兵权做后盾的弊病，也认识到兵权即政权的道理。于是“咸和四年亮乃求外镇自效，出为都督豫州、扬州之江西、宣城诸军事、豫州刺史，领宣城内史。亮遂受命，镇芜湖”。豫州是东晋的重要屏障，是建康的门户之地。出任此州，就庾氏家族来说，不仅可以监视政敌王导的行动，还能够掌控居于此地大量的流民兵团，增强自身军事实力，由此，庾氏走上了以军事增强家族实力、以藩镇力量控制中央局面的道路。

咸和四年十二月，后将军郭默杀害江州刺史刘胤，占据湓口反叛，庾亮上表请求亲自征讨。咸和五年三月，庾亮到达湓口，与陶侃一起包围歼灭了郭默父子。朝廷又大加封赏，拜庾亮为镇西将军，他坚决推辞。咸和九年，荆州刺史陶侃病逝，庾亮顺利接管荆州之地。庾亮“都督江、荆、豫、益、梁、雍六州诸军事，领江、荆、豫、三州刺史，进号征西将军”，开始经营荆州之地。庾亮一方面拉拢陶侃旧部，增强军事实力；另一方面铲除陶侃家族在荆州的势力，对其后人进行排挤和杀戮。如咸康五年（339），庾亮诛杀陶侃之子陶称，“责称前后罪恶，称拜谢，因罢出。亮使人于合外收之，弃市”。至此，庾氏家族在荆州的势力得以巩固，其政治地位也达到了历史顶峰。

咸康五年，庾亮部署诸将，意图北伐，但众臣大多都不赞同。不久，邾城失陷，东晋战败。庾亮因出师不利而忧闷成疾，于咸康六年正月逝世。庾亮逝世后，东晋朝廷任命庾翼接替其职务。

庾翼

庾翼（305—345），字稚恭，庾亮之弟。“风仪秀伟，少有经纶大略。”庾翼与庾冰政治思想一致，热衷于事功，斥清谈浮华之风，重申韩之术。善识人，与桓温亲善，几欲举兵北伐，时人誉其“荒年谷”。对于清谈名士杜乂、殷浩，庾翼每与人曰：“此辈宜束之高阁，俟天下太平，然后议其任耳。”

苏峻之乱时，年仅22岁的庾翼以白衣身份守备石头城，又随庾亮逃奔温峤。及事平，在太尉陶侃府中供职，转参军，累迁从事中郎。在公府任职时，雍容讽议。不久又被升为振威将军、鄱阳太守。转建威将军、西阳太守。镇守西阳时，抚和百姓，甚得欢心。后升迁为南蛮校尉，领南郡太守，加辅国将军、假节。在北伐中，邾城失守，石城被围时，庾翼多次设奇兵，偷偷将粮食军需送入，最终使石城得以保全。庾翼因功被封为都亭侯。

庾亮死后，庾翼被授予都督江、荆、司、雍、梁、益六州诸军事，安西将军，荆州刺史，假节，代庾亮镇武昌。庾翼以帝舅的身份，年纪轻轻就担当了大任，朝廷上下都担心他不能称职。庾翼却兢兢业业，军政严明，谋虑深远，几年之后，公私充实，政清人和，众人莫不称其才干。后赵黄河以南领地的人民都有归附之心。汝南太守戴开率数千人归降庾翼。

庾翼素有大志，以灭胡平蜀为己任，言论慷慨，形于辞色。后部署诸将，意图北伐，任征西将军、荆州刺史。永和元年（345）卒，赠车骑将军，谥号肃。本传赞曰：“稚恭慷慨，亦擅雄声。”

在艺术方面，庾翼既善文学，又工书法。刘勰在《文心雕龙·诏策》中赞曰：“教者，效也，出言而民效也。契敷五教，故王侯称教……庾稚恭（即翼）之明断，并理得而辞中，教之善也。”现存作品有《北伐至夏口上表》《答何充书》等。

庾冰

庾冰（296—344），字季坚，庾亮

弟，东晋大臣、将领，以文雅朴素垂世风范，得到舆论的赞赏。曾在王导死、庾亮在外任时主持朝政，做过宰相，处理军国大事，尊贤礼士，提拔后进，被称为“贤相”。庾冰清廉谨慎，教子有方。其子庾袭曾借官绢10匹，他十分生气并痛打之，然后买绢还给官府。他室无姬妾，家无私财，死时连做被子的绢都没有。其女庾道怜为晋废帝皇后。

• 辅政四朝褚蒜子 •

褚蒜子（324—384），阳翟（今禹州）人，东晋康帝司马岳的皇后。

褚蒜子出身望族，其父褚裒官拜卫将军、徐兖二州刺史。褚蒜子少年聪慧，见识广，有器量，不同常人。成年以后，晋文帝闻其美丽及才识，将之许配给弟弟琅琊王司马岳，褚蒜子成为琅琊王妃。不久，晋成帝病崩，传帝位司马岳，即晋康帝。司马岳登基后册封褚蒜子为皇后。晋康帝登基未满两年即病崩，一岁的晋穆帝继位，褚蒜子升为太后。由于穆帝年幼，因此朝臣奏请褚太后临朝称制。后来，晋穆帝成年行冠礼后，褚太后归政，隐居于崇德宫，不再过问政事。晋穆帝亲政不久后驾崩，晋哀帝继位。由于穆、哀两帝之间为平辈继位，因此褚蒜子仍为太后。晋哀帝即位不久，因服药过度中毒驾崩，褚太后二度临朝。晋废帝即位后，褚太后再度临朝。不久改立晋简文帝为帝，同时尊褚太后为崇德太后。晋简文帝在位时间短暂，即位约8个月后驾崩，其子司马曜继位，是为晋孝武帝。孝武帝即位初期，褚太后再度临朝，三年后，褚太后归政于14岁的孝武帝，重回崇德宫隐居。同年改元太元。太元九年（384），崇德太后褚蒜子于显扬殿崩逝，享年61岁。自穆帝开始，往后历经哀、废、简文、孝武等五帝，在五位皇帝即位初期，褚太后都曾应朝臣请求临朝称制，摄政40年。

褚蒜子

文学评论家钟嵘

钟嵘

钟嵘（？—约518），字仲伟，颍川长社（今长葛市东）人，南朝梁著名文学理论批评家。

钟嵘胸怀大志，年少勤学，齐永明年间（483—493）为国子生，精于《周易》，任齐南康王侍郎、司徒行参军等。梁天监初年，钟嵘上书言政事，对当时官僚互相勾结、贿赂的行为予以有力的抨击，转任中军临川王行参军和衡阳王、晋安王记室，专掌文翰，称为钟记室。

钟嵘一生最大的贡献，是为世人留下了中国文学史上第一部杰出的诗歌评论专著《诗品》。该书专门评论汉魏至齐梁间的五言诗作品，除一组无名氏作品之外，共论及此期间五言诗人122人，将所论诗人按上、中、下分为三品，对这些诗人的渊源流派和作品优劣进行了评说，并在序言中对诗歌的性质、作用、创作方法进行了比较系统的论述。他认为自然界和社会生活是诗歌创作的本源，还提出了文质并重的诗歌创作原则与诗歌评论标准，主张诗歌应酌用赋、比、兴手法，“干之以风力，润之以丹彩”，使读之“有滋味”，反对堆砌典故和刻意追求声律等。这些对后代诗歌评论均有很大影响。《诗品》被后人尊为“百代诗化之祖”。

尽管《诗品》对有些重要诗人如曹操、陶潜、鲍照等的评价极不恰当，对有些诗人的渊源继承关系的划分比较牵强，有些观点也不够全面和辩证，但总的来看，仍不失为我国诗歌理论的珍贵遗产。这部专著是研究中国古代诗歌史的重要参考资料，在我国古代诗歌史上具有开拓性的意义。

天台宗创始人智顗

天台宗是西来佛教与中国传统文化的结晶，是第一个富有中国特色的佛教宗派，也是中国佛教中一个最重要的宗派。它的实际创始人，便是人称“智者大师”的智顗。

智顗

智顗（538—597），字德安，俗姓陈，祖籍颍川（治今许昌）人，后迁荆州华容（治今湖北潜江市西南）。智顗的父亲是梁朝的一位大官，因目睹王朝频繁更迭，世道纷乱，哀叹人生无常而倍感失望，最后遁入佛门，寻求慰藉。或许是受到父亲的影响，天资聪颖的智顗毫不留恋人间富贵尊荣，18岁便离开家门，来到湘州果愿寺削发为僧，师从慧旷律师学习佛教律学。后赴大贤山，诵读《法华经》等佛教经典，领悟到经典中包含的义理。公元560年，智顗听说著名的佛学禅师慧思和尚南下光州（今光山县）大苏山，遂前往受教，用禅定的方法研习《法华经》，有所悟解，得到慧思的赞许，并获准可以代他讲说经论，听讲的人无不佩服。公元567年，智顗遵照慧思的嘱咐，率领30多名僧人抵达金陵瓦官寺，弘扬禅法。第三年，智顗接受多方邀请，在瓦官寺主讲《法华经》《大智度论》等佛教经论，获得前往听讲的名僧高士、达官贵人的一致首肯。智顗从此声名大振，得到陈宣帝及其群臣的敬重和礼遇。这期间，智顗融合禅教各家义旨，在此基础上，阐发新的宗义，为以后创立天台宗奠定了基础。

陈太建七年（575），久居繁华都市的智顗，打算找一个有林有溪、清静雅致的地方住下来，于是率领20多位弟子南下天台山（在今浙江天台县城北），在佛垄峰下南螺溪的源头，建造草房，着手创建天台宗。陈宣帝闻讯后，下令将天台山所在的始丰县（今浙江天台县）全县赋税调拨给

当阳玉泉寺

智𫖮及其弟子使用，还安排两户农民做“苦力”，专听他们使唤。皇帝的特别关照，免除了智𫖮和弟子们的衣食之虞，使他们能够潜心修行，弘扬佛法，加快了创建天台宗的步伐。

智𫖮在天台山住了整整10年。公元585年，他接受陈后主的诏请，返回金陵，先后为陈后主和群臣宣讲《大智度论》《仁王经》和《法华经》等经论。此时的智𫖮，在融合佛教各派教义的基础上，大体形成了自己的独特看法。他的“一家之言”便是初创时期天台宗的基本宗义。

公元589年，隋灭陈以后，智𫖮在荆州、湘州一带化缘讲经，后居庐山。两年后，应晋王杨广（即后来的隋炀帝）的邀请，智𫖮北上扬州，为他主持受戒仪式。作为回报，杨广授予智𫖮“智者”称号，所以，当时人们就称智𫖮为“智者大师”。592年，智𫖮回到荆州，创立玉泉寺，在那里宣讲《法华玄义》和《摩诃止观》。597年，病逝于天台山。随后杨广根据他生前的愿望，下令在天台山修造了一座佛寺，赐名“国清寺”，以资纪念。玉泉寺和国清寺经过后代重修后，成为当地著名景点，也是我国迄今保存完好的两座著名寺院。

智𫖮一生到处游化，在全国各地建造了许多佛寺，其中比较著名的就有35座。他的传业弟子有32人，其中最为知名的要数灌顶，他的许多著作都是由灌顶记录整理而成的。可以说，没有灌顶，今天我们就无从了解智𫖮。智𫖮的著作非常多，最重要的是被称为“天台三大部”的《法华玄义》《法华文句》和《摩诃止观》，它们都是天台宗的代表性著作，另外还有“天台五小部”，也比较重要。

• 书法名家褚遂良 •

褚遂良

褚遂良（596—659），字登善，阳翟（今禹州）人，唐初重臣、著名书法家。

褚遂良之父褚亮，官拜通直散骑常侍，与大书法家欧阳询为好友。褚遂良幼年受名师教诲，为后来书法奠下了良基。褚遂良博通文史，贞观十年（636），由秘书郎迁起居郎。他精于书法，以善书由魏徵推荐给太宗，受到赏识。贞观十五年，他劝谏太宗暂停封禅，同年由起居郎迁谏议大夫。贞观十七年，太子承乾以谋害魏王泰罪被废，褚遂良与长孙无忌说服太宗立第九子晋王李治为太子（唐高宗）。次年褚遂良被任为黄门侍郎，参与朝政。太宗策划东征高丽时，他持不同意见。高宗即位，他任吏部尚书、左仆射、知政事，封河南郡公，人称褚河南。后因反对高宗立武则天为后，被贬谪而死。

褚遂良的书法，初学欧阳询、虞世南，晚年取法钟繇、王羲之，善楷书、行书。他承前启后，既继承、发扬了隋代的最高成就，又是唐楷创新的发端者，与欧阳询、虞世南、薛稷并称初唐四大书法家。

褚遂良前期书法作品流传至今的有《伊阙佛龛碑》和《孟法师碑》，两碑风格上汲取虞世南书法结构的典雅宽舒和欧阳询运笔的刚健锋利，同时增加了行笔的顿挫起伏。其晚年成熟之作为《雁塔圣教序》，此碑一出，风靡一时，《书断》出后，获“美人婵娟，似不任乎罗绮，铅华绰约，甚有余态”之评。

褚遂良的书法作品风格上有法而无法，随心所欲而不逾矩，结构上看似纤瘦实则饱满，用笔上方圆兼施，逆起逆止，首尾之间皆有起伏顿挫、提按使转。魏徵称赞说："褚遂良下笔遒劲，甚得王逸少体。"他传世的书法作品，碑刻有《大唐三藏圣教序》《伊阙佛龛碑》《孟法师碑》《房玄龄碑》《同州圣教序》《枯树赋》《哀册》《千字文》《乐和论》《雁塔圣教序》等，墨迹相传有《倪宽赞》。

• 不谋私利崔知温 •

崔知温

崔知温（626—682），唐许州鄢陵（今鄢陵）人。祖父崔枢，官至司农卿。父亲崔义真，为陕州刺史。

崔知温刚开始任左千牛一职，麟德年间做到灵州都督府司马。州界上有吐谷浑、斛薛部落一万多人马，屡次侵扰掳掠当地的居民。百姓们只好废弃农业，练习骑射来防备侵犯。崔知温上书请求把这些人迁徙到黄河以北去，斛薛人不愿意迁移。当时有个将军契苾何力替他们向高宗讲情，于是崔知温的奏表被搁置起来。崔知温前后共上书十五次，皇上终于听从了他的意见，于是当地百姓才能安心从事农业生产。后来斛薛人进京朝拜，还趁路过灵州之便来拜谢崔知温说："从前承蒙您上奏让我们迁往黄河以北，当时确有怨恨之心；然而迁移后的牧场土地肥沃，水草丰腴，部落一天天富裕，这是当初蒙受您的恩泽的结果。"说完伏地叩拜而去。

崔知温第四次迁官任兰州刺史，碰上党项族三万多人来侵犯州城，城内精壮士兵较少，众人十分害怕，不知如何是好。崔知温让人打开城门以迎贼寇，贼兵恐怕有埋伏，不敢贸然进城。不久权善才将军率领大军来救援，大败党项贼兵。权善才准备趁党项人投降之机，把他们全都活埋了，以杜绝后患。崔知温说："不进击已溃逃的军队，这是古人善战的举动。杀戮到没有活人留存，那祸害将延及子孙后代。加上这儿溪谷深邃高峻，草木幽深繁茂，万一发生变故，将后悔莫及！”权善才认为崔知温的分析很正确，就接受了他的意见。权善才又想分出500名投降的人给崔知温，崔知温说道：“我前面所谈论的有关安危的对策，是从公事出发，哪里能图谋私利呢！”坚决推辞不接受。党项人被打散的剩余兵士因此都来投降归附崔知温。

崔知温后升任尚书左丞，转为黄门侍郎、同中书门下三品官职，兼任撰写国史的事，永隆二年（681）七月，升任中书令。永隆三年三月去世，追赠荆州大都督。

• 犯颜直谏王求礼 •

王求礼（？—706），许州长社（今长葛）人。唐武则天时，他任左拾遗、监察御史，性情刚直，忠謇敢言，是一位清正廉洁、认真负责的监察官。

垂拱四年（688）春，武则天力排众议，拆除东都洛阳宫的正殿乾元殿，在其地建明堂，其后又在明堂之北隋大业殿处建高五层的天堂，以贮巨大的佛像。当时，力阻武则天建筑明堂的有许多人，王求礼便是其中一位。

他痛切地上书陈说，这座建筑极尽工巧、堂皇富丽，简直可以与商纣王的琼

修复后的明堂

台、夏桀的瑶室相提并论，而古代的圣王，居住在茅屋里就能治理天下。这篇奏章，把武则天比作丧国的暴君，可以说言语激烈至极，武则天没有采纳，也没有追究。

在契丹攻陷幽州的时候，军需紧张。有一名高官提出，在京官员九品以上的，停发两个月的薪俸。对于这种看似舍小家为大家的精神，王求礼很不以为然，他说，你收入高，两个月薪俸不算什么，但许多小官要靠这点钱养家糊口，不发薪俸，让他们怎么生活呢？那人执意上奏，王求礼又在朝议时说：“天子富有四海，怎么会在乎九品小官的那点薪俸，夺回来做军费用呢？”有人批评王求礼：“这种制度秦汉时期就有了，是应付当务之急的权变之策，你不识大体啊。”王求礼义正词严地说：“秦汉穷兵黩武，耗尽了天下财富，你难道要让陛下去效仿那些君王吗？你这样的坚持，就是识大体吗？”武则天最终采纳了王求礼的意见。对于这位忠謇敢言的臣子，武则天虽然知道自己离不开，但总觉得在自己身边碍手碍脚，于是便将他贬到卫王府做了参军。王求礼死后，卫王府请示朝廷如何下葬，武则天说，他不是反对大兴土木吗？运回故乡埋了就行了。因此王求礼的墓地没有同等官职的翁仲、石马等排场，只有一座高高的荒冢立于今长葛市冢王村南。

• 画圣吴道子 •

吴道子（约680—758），又名道玄，阳翟（今禹州）人，唐代著名画家。

吴道子自幼父母双亡，家境贫寒，经常流浪于佛寺道观之间，逐渐对佛教绘画与雕塑产生了浓厚的兴趣。他12岁向民间画师学绘画，勤奋刻苦，年未弱冠已负有盛名。

吴道子年轻时，曾在

吴道子

吴道子

兵部尚书韦嗣立幕下当小吏，后任兖州瑕丘（治今山东兖州市东北）县尉。唐睿宗时，韦嗣立出为许州刺史，吴道子就弃官寓居许州。民间相传，他在许州城西北郊"筑洞而居"，其洞后人称为"吴道子洞"，其村被称为洞上村（今属魏都区）。明成化年间，许州知州邵宝游览后，题《吴家洞》诗曰："古垒如天设，登临眼界宽。德星何处聚？湖水竟漫漫。春雨村村遍，吾游亦感时。西湖千古盛，谁和老坡诗。"不知何朝何代，村人在村东建一吴道子庙，每年农历十月初四有古刹大会，一直沿袭至今。

吴道子被后人誉为"画圣"。《唐朝名画录》称，吴道子"凡画人物、佛像、鬼神、禽兽、山水、台殿、草木，皆冠绝于世"。但他一生最擅长的是宗教人物画，笔迹磊落，势状雄峻，生动而有立体感。他画过许多壁画，仅在长安、洛阳两地寺观就作壁画300余幅，在景云寺所作的《地狱变相图》是其壁画名作。此外，见于历代著录的卷轴画有《明皇授录图》《送子天王图》等130余幅。在他的笔下，人物栩栩如生，情态各异，所画衣褶飘飘欲举，后人称为"吴带当风"。他早年笔法细密，中年转为遒劲，有时则只见墨迹，意态已足，点画之间，时见缺落，有笔不周而意周之妙，后人把他和张僧繇的笔法并称"疏体"。他着色喜用焦墨勾线，加以淡彩，自然突出，称为"吴装"。这些艺术特征，对后代影响很大，苏轼就曾极力称赞说："诗至于杜子美，文至于韩退之，书至于颜鲁公，画至于吴道子，而古今之变，天下能事毕矣！"

• 新乐府运动倡导者王建 •

王建（约767—约830），字仲初，许州（治今许昌市）人，唐朝诗人。

王建家境贫困，20岁左右与张籍相识，一道从师求学，并开始写乐府诗。贞元十三年（797），辞家从戎，曾北至幽州、南至荆州等地，写了一些以边塞战争和军旅生活为题材的诗篇。在"从军走马十三年"后，离开军队，寓居咸阳乡间，过着"终日忧衣食"的生活。元和八年（813）前后，"白发初为吏"，任昭应丞。长庆元年（821），迁太府寺丞，转秘书郎。在长安时，与张籍、韩愈、

王建

白居易、刘禹锡、杨巨源等均有往来。大和初，再迁太常寺丞。约在大和三年（829），出为陕州司马，世称王司马。大和五年，为光州刺史，贾岛曾往见赠诗。此后行迹不详。

王建所处的中唐时期，藩镇割据，战乱频仍，赋役繁重，人民生活极为痛苦，阶级矛盾日益尖锐。他一生仕途坎坷，官位卑下，基本上是在贫困艰难的生活中度过的。然而正是这种不幸的遭遇，使他有较多的机会接近人民群众，接触社会现实，了解到广大下层人民在那个多灾多难的年代里蒙受的种种苦难。他发扬汉乐府民歌“缘事而发”的现实主义精神，因事立题，将所见所闻所感的社会问题，用新乐府的形式表现出来，创作了许多具有充实内容的现实主义诗篇。他摄取的题材很广泛，边陲、农村、水夫、渔人、蚕妇、织女，以及民间传说、家庭生活等都有，可见诗人能关心复杂的社会现象。

王建与诗人张籍齐名，并有深厚的友谊，二人赠答的诗很多。王建和韩（愈）、孟（郊），元（稹）、白（居易）两大诗派的人都是诗友，和刘禹锡、李益等著名诗人也有很多交往。这一切促使他成为一个正直的知识分子，一个具有一定艺术才能的优秀诗人。他与张籍的一部分乐府诗，被人们称为“张王乐府”，得到了很高的赞誉，实际上成为元、白“新乐府运动”的前奏。

王建的作品有《王司马集》。《全唐诗》收其诗400余首、《宫词》百首，对后世宫词的影响很大。

• 楚国国王马殷 •

马殷（852—930），字霸图，唐许州鄢陵（今鄢陵）人，五代十国时期楚国建立者。

马殷少时为木工，后应募从军，为

马殷

蔡州秦宗权部将孙儒的裨将，后被推举为帅。乾宁三年（896），唐授马殷为潭州刺史，他派遣其部将攻取连、邵、郴、衡、道、永等六州。光化元年（898），唐封马殷为武安军节度使。后梁开平元年（907），梁太祖即位，马殷建楚国，遣使进贡，被任命为侍中兼中书令，并受封楚王。马殷遣军伐岭南，取昭、贺等州。后梁末帝时，加封马殷为武昌、静州、宁远等军节度使及洪鄂四面行营都统。

后唐庄宗灭梁，马殷遣其子进贡京师，交出梁所授都统印，其后又采纳部将高郁的建议，上贡后唐。马殷在辖区内令百姓广泛种植茶叶，自铸铅、铁币，兑换铜币，允许自由通商，从而发展了生产。他曾多次请求封爵，后唐天成二年（927），被封为楚国国王，正式建国。在其统治期间，他重视发展农商经济，楚国富庶，战事稀少，人民生活较为安定。后唐天成五年，马殷去世，谥号武穆。

• 政绩卓著的崔立 •

崔立

崔立（979—1043），字本之，鄢陵人，宋代官员，官任工部侍郎。崔立少时机敏博学，尤善古文，咸平三年（1000）中进士。他任广州通判时洁身自好，不为珍货所动，从广州调任他职时，随身所带的只有节余的俸银，深为同僚叹服。崔立在任屯田员外郎知江阴军事时，境内原有一港口因年久失修而废，他责令附近百姓开挖疏浚，并开横河10余里通漕运，邑民称颂，朝廷嘉奖。京都（今开封）黄河决口，朝廷命崔立负责修堵。崔立很快完成了此项工程，并奏请朝廷将所节余200万缗（1缗=1 000文）悉数发还各地。因治河有功，屡次升迁，在任上多有惠政。大中祥符年间，真宗封禅，士大夫争相上符瑞、献颂辞，独崔立上书劝谏，陈言灾事四十事，并上书请求归家颐养，以工部侍郎致仕。他回归故里后潜心园圃，过起隐士的怡然生活，卒后赠工部尚书。

• 清廉实干的程戡 •

程戡（990或997 —1066），字胜之，北宋许州阳翟（今禹州市）人。北宋中期名臣，官至参知政事。他长期镇守西北边陲，是一位颇有作为的政治家。

程戡

程戡自幼爱好学习，年届弱冠，经史子集便样样精通。宋真宗天禧年间，程戡得中进士甲科，当时的执政大臣曹利用把自己的女儿许配于他。他初补为泾州（今甘肃泾川县）观察推官，不久就出任许州通判。乾兴二年（1023），曹利用因得罪宦官一再遭贬，他不愿受辱便投河自尽。程戡因与他有翁婿关系，亦受株连被贬官。宋仁宗登基后追复曹利用官爵，程戡也转任虔州（今江西赣县）通判。

程戡因为官清廉、精明能干而受到朝廷褒奖，先后担任归州知州、三司度支判官等职。宋仁宗宝元元年（1038），宋仁宗任命程戡为钦差大臣，到发生地震的忻州、代州（在今山西境内）等地赈济灾民。在灾区，他组织灾民实行生产自救，为了防止民变和匪患，他利用以工代赈的方法修筑被地震震毁的城墙，并组织官差四处巡逻，缉亡捕盗，对乘机囤积居奇的不法奸商、豪强地主及贪官污吏予以严惩，很快就稳定了灾区的民心。程戡因此被提升为起居舍人、知谏院，不久又升迁为三司户部副使、陕西都转运使等职，出任渭州（今甘肃平凉华亭、崇信及宁夏泾源县等地）知州。渭州任满后，他升迁为枢密院直学士，出任成都知府。他担任瀛州知州时，曾有辽国（契丹）使臣出使宋廷。辽国使臣自恃军事力量强盛，对沿途的宋朝官员十分傲慢无礼。到濂州后，他应该去拜见知州程戡，由程戡发放过往关卡的通行证。然而，辽使却无礼地提出要着便装会面。事关国家尊严，被程戡坚决回绝。辽国使臣自知礼亏，只得冠冕朝服，以礼相见。

宋仁宗皇祐三年（1051），程戡因与执政大臣发生矛盾，自请罢位去职。不久以宣徽南院使的身份出任鄜延路（今陕西北部）经略安抚使，判延州、军州事，经营西北防务。嘉祐八年（1063），宋仁宗去世，英宗继位。程戡升迁为安武军节度使，仍以原职留任西北。依照宋朝初年形成的旧例，少数民族官员不能像汉族官员一样依例升迁。程戡认为这不利于少数民族官员奉公守法、恪尽职守，于是就向英宗建议：要允许蕃官同汉官一样依例升迁，对沿边少数民族首领及有文韬武略者，要特别降恩召见，并补选为官。他的建议被朝廷采纳实施。治平元年（1064），英宗派宦官王昭明等统管秦凤、麻延、永兴军、河东路等四路少数民族事务。王昭明等人只知道用物质利益来拉拢少数民族部落的首领，对少数民族人民却极尽剥削压榨之能事，无法收揽民心。因此，沿边有很多少数民族人民不堪重负，纷纷逃往西夏。针对这种情况，程戡又上疏英宗，建议撤回王昭明等人，由各路从钤辖都监中挑选一人，兼任沿边各部巡检使，中央不再派专门管理少数民族事务的官员。英宗采纳了他的建议。他的这些建议实施后，西北沿边地区的民族关系相对来说比较融洽，西北地区的经济也有一定的发展。

治平三年（1066），程戡因年事已高，无力再负戍边重任，连连上表要求告老还乡。宋英宗几度挽留，怎奈他去意已决，只好准他离任回朝。入京途中，病发身亡。

程戡一生，为人稳健持重，为官清正廉明。他镇守西北边陲时，团结沿边各部落，处理协调各民族之间的关系，使宋王朝的西北边陲出现了长达数年的和平局面，西北地区的社会经济有了长足的发展。

多才多艺的燕肃

燕肃

燕肃（961或991—1040），字穆之，颍昌阳翟（今禹州）人。北宋中期大臣，诗人、画家、发明家和天文历法家。

燕肃原籍青州，幼年父母双亡，成为孤儿。他酷爱读书学习，为了求学，辗转来到经济、文化较为发达，学术氛围比较浓厚的阳翟，后来就落籍于此。他天资聪颖，又刻苦好学，学业进步很快。他多才多艺，尤其以擅长诗文、绘画而蜚声中州。参加科举考试进士及第，被补选为凤翔观察推官。

寇凖在担任凤翔知府期间，十分欣赏燕肃的才学，推荐他为秘书省著作佐郎，出任临邛知县。当时临邛的衙门差役，狐假虎威，经常无缘无故地骚扰百姓，当地人民怨声载道。燕肃上任后，就用木板制成告示牌，悬挂在县衙门外，审理案件时，便将应到衙门听审的一干人的姓名，书写在告示牌上，注明开审日期，让当事人自行到衙门候审。采取这种措施后，有效地遏制了衙门差役借机敲诈百姓的现象，受到当地百姓的欢迎。任期满后，转任考城县令。不久因政绩显著升迁为河南府通判。宋真宗景德三年（1006），燕肃又任监察御史之职。

燕肃任明州（今宁波一带）知州期间，这一带民风强悍，居民之间时常因为一些琐屑之事发生殴斗，闹得鸡犬不宁，人心惶惶。为了根除这一陋习，燕肃明令全州：凡发生斗殴现象，对首先挑衅、动手打人者严加惩治。从此明州好斗逞勇之习才逐渐收敛。在明州，他还发现海潮时常泛滥，冲毁农田，淹没房舍，给当地百姓造成极大的危害。他经过观察，掌握了海潮涨落的规律，于1016年写成《海潮图》《海潮论》两本专著，阐述了海潮形成的原因及涨落变化的规律，并且还提出了防止海潮危害的方法、措施。之后他又组织明州沿海地区的百姓修筑海堤，阻挡海潮的侵袭，保护沿海农田，促进了明州沿海地区的农田开发，使明州迅速成为东南沿海地区一个经济繁荣发达的富庶之乡。

燕肃除在政治上的作为以外，还是一位诗画双绝的奇才。他精通诗词歌赋，史称其“善为诗，其多至数千篇”，他的诗被辑成《燕肃诗》，入《宋史·艺文志》。他还是一位杰出的画家，尤以山水画见长，他的山水画“蹈踪王维”，“尤善古木折竹，始作生竹，超然免俗”。其作品有100多件，“尽入妙品”，全部被收入宋朝宫廷秘藏。

燕肃还精通天文历算、音乐典章。据《宋史·肃本传》记载，燕肃自己编制《莲花漏法》进献朝廷后，司天台认为该历法与当时执行的《崇天历》相悖，未被采纳。他就募人刻石立碑，刻记该历算方法。许多州郡经过验证，都称该历法精密准确。在他任礼部侍郎期间，太常寺的礼乐钟磬，因年久音律不准，他会同李照等人对太常乐器一一清理修校，然后按《王朴律》的标准逐一校对，使其全部达到演奏标准。此外，他还是一位杰出的发明家，他根据古籍的有限记载，经过反复摸索尝试，成功地复制了轩辕黄帝指南车和记里鼓车，为古代地理研究测绘做出了贡献。

• 元代名医滑寿 •

滑寿（1304—1386），字伯仁，一字伯本，号撄宁生，元末明初许州襄城（今襄城）人，著名医学家。

滑寿自幼聪敏好学，善诗文，然生性淡泊，不求仕进，极喜医术，一生以救治“贫贱病苦”为乐。他初从王居中学《素问》《难经》，后从高洞阳学针法，为一代名医。据称其“愈疴起痼，货人居多”，“人争相迎，以得其一言，定死生为无憾”，因而被誉为“神医”“老仙”。滑寿在医学方面的突出贡献除治病救人外，主要有四个方面。

一是他在习医的同时，历时10年致力于古代医典的注释、疏解，著成《读素问

滑寿

钞》《难经本义》《伤寒类钞》等著作，对中医理论的发展起到了“扩前圣而启后人”的作用。

二是他在切脉诊断方面造诣很深。其所著《诊家枢要》一书，详细论述了四季正常脉象、脉问、切脉须知和30种不同脉象的主病、体状及妇儿脉法，并将各种不同的脉象归纳为“浮沉、迟数、滑涩、长短、虚实、大小”等体状相反的六大类型，为我国古代论述和普及中医脉学的名著，亦为后世学医必读之书。

三是他在针灸学方面有很大贡献。滑寿在前人基础上著成《十四经发挥》三卷，对十二经脉的终始，气血的流注，经络的交会，穴位的形成和位置、功能等论述甚详，在我国针灸学史上有着重要地位。该书传入日本后，学者均视为“习医之根本”，而习针灸者几乎人手一本。

四是滑寿的《麻疹新书》详细描述了小儿麻疹在出疹前先出现口腔黏膜疹的症状，此为早期确诊小儿麻疹的重要依据。他的这一发现比西方要早500多年。

• 五朝元老马文升 •

马文升（1426—1510），字负图，号约斋，又号三峰居士，晚年更号友松道人，钧州（今禹州）人，明代大臣。

马文升是景泰二年（1451）进士，初授御史。历任山西、湖广巡按，福建按察使。成化初，巡抚陕西，与总督项忠平定满四起事。成化十二年（1476）以兵部右侍郎整饬辽东军务，后谪戍重庆卫。成化二十年，再度巡抚辽东，次年任漕运总督。弘治中，历任兵部、吏部尚书。马文升一生成绩显著，先后辅助代宗朱祁钰、英宗朱祁镇、宪宗朱见深、孝宗朱祐樘、武宗朱厚照，故后人称其为“五朝元老马文升”。

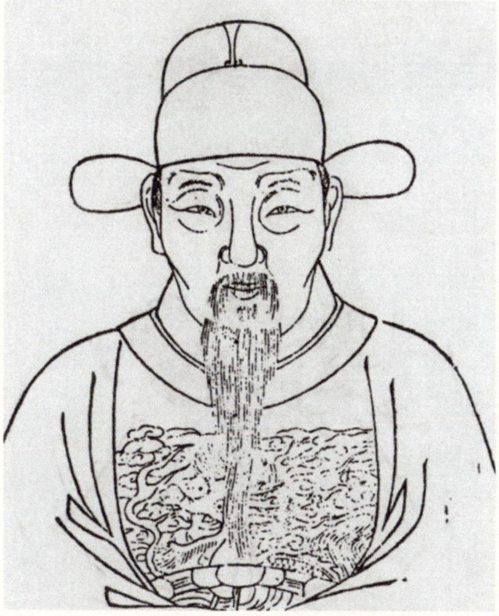

马文升

马文升参政56年，经历了明朝政治衰退、宦官专政的年代，当时人“只知有太监，不知有天子”，朝廷混乱，小人辈出，唯有马文升为人刚正不阿，直言敢谏，不趋炎附势，从不计较个人得失，直言不讳地上书朝廷。奸臣嫉妒马文升，使出种种阴谋手段，对其进行诬陷。成化十五年，宪宗慑于太监汪直的淫威，将马文升罢官下狱。直至成化十九年，汪直被革职，马文升才昭雪复职。弘治二年（1489），马文升任兵部尚书，他大刀阔斧地开展整军活动，经过一番努力，使明成祖原定的“终明之事，边防甚重，东起鸭绿，西抵嘉峪，绵亘万里，分地守御”的战略方针得到了一定的恢复和发扬。弘治初年，赋税徭役日重，他建议孝宗节约开支，让老百姓休养生息。

正德二年（1570），马文升看到宦官弄权日益严重，自己年逾八十，已无力辅佐武宗，连续上疏辞职归里。正德五年，马文升病卒，谥端肃。

马文升著有《端肃奏议》《西征石城记》《抚安东夷记》《镇克哈密国王记》和《约斋集》等数十卷流传于世。

• 治黄专家姚继可 •

姚继可（生卒年不详），字光父，明许州襄城（今襄城县）人。嘉靖四十四年（1565）进士，初任南陵县（今安徽繁昌县）知县，为政宽惠爱民，政绩优等，仕途顺畅，累官工部尚书。

姚继可的政治生涯历经嘉靖、隆庆、万历三朝，前后达四十余年，宦迹遍及甘、宁、凉、川、陕，积累了丰富的政治经验，对处理边防事务尤其得心应手。姚继可所到之处边患弭平，边民安居乐业。在宁里任职时，为了巩固国防，确保国家安全，姚继可经过充分调查研究，向朝廷

姚继可

提出了三点建议，“备军粮，筑边墙，修河防”。他说，只有备足军粮，才能在外敌入侵时保持高昂的士气，做到有备无患；“筑边墙”就是修复长城，以长城为屏障，有效地防御敌人的进攻；“修河防”则可以减少自然灾害，发展生产。这三条建议抓住了当时边防问题的根本，深受朝野有识之士的好评。姚继可任职的地方多与黄河关系密切，他深入考察黄河流动涨落的规律，对修筑防洪工程和环境治理有独到的研究，著成《河工覆议》四卷，为我国黄河治理、环境保护积累了经验。

姚继可晚年退休回到故乡，修缮学宫，建尊经阁，收藏图书，奖掖后进，为发展地方教育事业做出了重要贡献。

• 铁面主事张蔚蓝 •

张蔚蓝（1869—1927），字雩村，清许州长葛人，17岁入大梁书院，光绪二十三年（1897）拔贡，光绪二十九年中举。任清朝度支部主事，负责发放朝内官员俸禄。

有一次，光绪皇帝的堂妹想超领月俸，被张蔚蓝拒绝，她托武英殿大学士王文韶从中说合，张蔚蓝仍坚持不付，并说：“取吾头耳，大库银不得溢支！”尚书铁良赞赏说：“古有铁面御史，今有铁

张蔚蓝

面主事，大为部曹增色矣。”

宣统二年（1910），长葛乡民万余人奋起抗捐，怒砸县衙大堂。事件发生后，河南巡抚派兵镇压。清兵来到长葛，四处抓人，勒索抄劫，“十里闻哭声”。并传谕长葛筹银12 000两，作为赔偿知县所损物品的费用。张蔚蓝闻讯，以“库房未动，监狱、账房未开”和清兵打、抓、掠、抢给群众造成的苦难等事实，托御史陈善同奏明宣统皇帝。结果取消新增粮银，知县江湘离任，所派清兵调回开封，释放无辜，此案得以平息。

• 抗英名将李燕标 •

李燕标（1789—1846），字京魁，清许州长葛人。李燕标生于农耕之家，自幼习武。年长，身材魁梧，体态奇伟，品格出众，臂力过人。24岁中武举，28岁赴京会试，未中，经拣选以千总之职录用。嘉庆二十三年（1818），在河南巡抚营中任职。道光元年（1821），升任提塘。道光五年，接任京提塘事务。道光十一年，任浙江处州守备。道光十二年，升任平阳都司。道光十七年，奉旨充任温州镇标右营游击。同年，浙江提督委其护理提标中军参将印务。道光二十二年，英国侵略军进犯镇海、宁波等地，李燕标奉命阻击英军先头部队，他身先士卒，奋力搏杀，终将

抗击英军

英国侵略军逐出宁波，为收复浙东失地立下赫赫战功。

据李燕标的墓志铭记载："道光二十二年，宁波遭夷（英）匪为寇，公奉上宪扎调赴军营，攻打头敌。公身先士卒，不避艰险，以平宁波之乱，诚可谓有智有谋、忠勇兼全者矣！"据史家考证，他与英军交战的具体时间当在奕经失败之后。因为他当时是浙江提督所辖的地方武装部队，奕经败走，他们仍在原地坚持战斗。他"身先士卒，不避艰险，以平宁波之乱"的壮举，是在道光二十六年六七月间英军主力北犯进入长江口之后，当时英军留部分兵力于宁波城中，作为地方部队就利用地利人和的有利条件，抓住战机，英勇奋战，将英军击溃，收复了宁波。

寻根问祖

——大树在这里萌芽

参天大树，必有其根；怀山之水，必有其源。目前许昌境内有姓氏346个，其中，起源于许昌的姓氏有40多个，郡望为许昌的有30多个。这些姓氏，有世代居住在许昌大地的，也有从外地迁徙而来的，还有民族同化中繁衍生成的，主要有以下几个特点。

一是一些起源于许昌的姓氏，随着人口的流动、时间的推移和区域的变迁发生了很大的变化。

二是有的姓氏由外地迁入后，繁衍生息，至今已成大族。

三是有的姓氏从无到有，有的是从少数民族同化中演化而来的。

四是一般的姓氏和生活的村庄有密切的关系。

下面重点介绍起源地和郡望地为许昌的许、方、陈、钟四大姓氏和夏、褚、韩、康、葛、鄢等姓氏。

• 许姓扎根许昌地 •

许姓的来源有两种说法。

一是出自姜姓，以国为姓。据《姓源韵谱》载：公元前11世纪周武王克商后，封伯夷的后人文叔于许地（今许昌东），称为许文叔，世称许侯，建立许国，都城位于建安区东南。春秋时许国被郑、楚等国所逼，公元前533年迁都叶，九年后迁都白羽（今南阳西峡），后又迁容城（今平顶山鲁山），战国初为楚国所灭。许国君主后裔迁于容城后分居各地，统用原国名为姓，成为许姓。

二是出自尧帝时贤人许由。尧曾欲将天下让给许由，许由不就，隐退于中岳颍水之阳开辟新地，许由部落的后人就以许为姓了。这种传说见《姓氏急就篇注》。无论是来自伯夷还是许由，许姓的历史都有数千年了。有意思的是，这两支许姓的发源地，都在许昌这片古老的土地上。可以肯定地说，许氏是深深扎根在许昌大地上的无可争议的姓氏。

许姓人氏早期在河南境内繁衍生息。春秋战国时，许国曾在今河南、安徽一带迁徙数次，多数许姓就地发展。许国亡国后，百姓开始逃亡，并将许姓带往各地。有据可查的迁徙有三支：第一支，由许向北迁徙到冀州高阳北新城都乡乐善里（今

许氏宗亲许昌寻根

许

许姓主要郡望分布图

许文叔墓

河北高阳东）；第二支，由许向东北迁往山东昌邑（今山东金乡西北）；第三支，由许直接迁徙到汝南（治今驻马店平舆北）。由此形成了许姓颍川、高阳、汝南三大郡望地，其中以汝南最具盛名，而颍川许姓是许文叔的直系后裔。

许姓的郡望地有阳翟、汝南、高阳、太原、会稽、平舆等郡。历史名人有东汉文字学家许慎，三国曹魏“虎卫军”首领许褚，唐朝宰相许敬宗，元代理学家许衡，现代作家许地山，开国大将许光达、上将许世友等。

改革开放以来，许姓进行了多次联谊活动。2012年5月，世界许氏宗亲组团到河南许昌寻根祭祖。2016年10月，第十八届世界许氏恳亲联谊大会在许昌举行，来自新加坡、马来西亚、泰国、日本、澳大利亚、加拿大、韩国等十几个国家，以及香港、澳门、台湾地区的许氏宗亲1 200余人参加了这一盛会。至今，已有美国、日本、韩国、泰国、马来西亚、印度尼西亚及我国香港、台湾许氏社团与禹州建立了联谊组织。

方氏祖根在方山

方姓的发源地在许昌，禹州方山是天下方氏的祖根。

著名历史学家何光岳在其《炎黄源流考》中肯定地说：炎帝榆罔之子名雷，因辅佐黄帝伐蚩尤有功，封食方山而姓方。东晋时有个方孚，曾上书晋成帝说：“考臣先人承神农之后，榆帝之子雷，为黄帝佐相，封方山。”这里的“方山”就是禹州境内的方山。中科院藏本《珊溪方氏分支谱略》也指出：“方氏之先出自神农九世孙帝榆罔之子雷，佐黄帝定天下，食采方山，因此为姓。”书中明确记载了方雷第十代孙方变由方山迁山东曲阜的事实，提供了方山方氏分支向外迁衍的一个实例。几乎所有的方氏族谱都说雷是炎帝榆罔的儿子，其祖先是炎帝神农氏。炎帝神农氏是上古姜姓部落的著名首领，生于今湖北省随州市北历山镇，从小就具有奉献精神。他发明了耒、耜等农具，教民农耕，又遍尝百草，为民治病，所以他的部落很快强盛起来，并且其部落的历代首领都非常重视发展农业。《春秋命历序》说炎帝传承了八代，到了炎帝榆罔时期，继续向东、向北扩张，在阪泉（今河北涿鹿县）与黄帝部落发生冲突，发生了中国古代历史上著名的“阪泉大战”。这场大战的结果是，榆罔领导的炎帝部落被打败，转而和黄帝结成了“炎黄联盟”，共同攻

方氏宗亲拜祖活动

方

打蚩尤部落。炎帝榆罔的儿子雷就是在讨伐蚩尤的战斗中充分发挥了聪明才智，立了大功，被黄帝封于方山，赐姓方。其后裔便以方为姓繁衍发展下来。

方山因其形状是长方形而得名。山上有寨，山腰有洞，山下有河，山水秀美，东距禹州市区25公里。方雷受封方山之后，凭借地理优势，迅速发展成为强族。至迟在夏代，或在夏禹之前，方姓族人已经建立了方国。到商代，方人已十分强大，被称为大方，不断侵扰商朝的边疆和属国。因此，商王武丁下决心对方人展开了声势浩大的征伐战争。卜辞也有很多关于武丁伐方的记载。但是战争的结果并不理想，武丁不仅没有削弱方人的力量，反而促使其与商的其他属国相联合，势力更加强大。因此，武丁决心灭掉方国。武丁动员几个属国一同去围攻方国，仍未取胜。最后，武丁不得不亲自出兵对方国进行讨伐，但是也未能获胜。整个商代，伐方战争从未停止，方对商的威胁也从未消失。直到周武王灭商之后，方国之君方扬才归服周朝。

从炎黄联盟到周朝，是方氏繁衍发展的鼎盛时期，分布于山西和山东各地的方氏部族都比较强大。周武王收服方扬之后，各地方氏相对比较稳定。到了周宣王时，方雷的子孙中有一位叫方叔的将军，智勇过人。他奉命南征，平定过荆蛮的叛乱，为周室的复兴立下了大功。因此后世的方姓宗谱，都采用了“周大夫方叔之后”之说。方姓源出河南许昌，自“方叔以后，以字为氏，望出河南”。到春秋初期，山东各地的方人部落先后被鲁、朱、葛等国所吞并。春秋中期以后，方国便渐渐销声匿迹了。

方雷氏像

西汉末年，河南固始人方纮因避王莽之乱，迁居今安徽歙县东乡绩溪安家，子孙为族，分布于湖南、湖北、福建、浙江、江苏等地。明初十七世方胜，洪武时封武威将军，又迁回固始。另有迁入福建莆田者，与阿拉伯商人通婚，融入回族。有迁入海南琼州者，散泊海岸，称为番村、番浦。禹州祖根方氏最早迁出者，据目前看到的资料，当属方雷氏第十代孙方变，大约在帝尧时期，就由方山举家东迁山东曲阜。

方山村是上古时期方雷氏族及其后裔繁衍生息的地方。他们本来在山坡上挖土洞栖息，后到山下圈洞或盖房居住，以农为主，农牧结合。方山北麓有方氏祖茔，左有青龙（山），右有白虎（山），前有清水河，是一风水宝地，面积有近百亩，葬有五六十代人。方山山尾方家岗，是又一处方雷后裔聚居地。方山、方岗同属伏牛山余脉，山冈绵延，一脉相承，故称方山为上方，方岗为下方。方岗今已成为集镇，由三个自然村构成，村西有方氏先祖从上方衍迁来居住的晚衍沟，沟长数里，村中有祖庙，坐东向西，面对方山。从臺公自上方迁来为一世祖的方岗氏族，迄今已传181代，现有方姓5 000余口。后方雷氏的后裔改为方和雷两个单姓，故方姓和雷姓的始祖均为方雷氏。唐代《新集天下姓氏族谱》载，洛州河南郡望族排序，前23姓中就有方氏。

方姓的郡望地有颍川、洛阳郡。方姓历史名人有170多人。如唐代诗人方干、北宋末年农民起义军领袖方腊、明代著名学者方孝孺、清代画家方玉润、清代桐城派散文的创始人方苞和革命烈士方志敏等。

• 中华望族颍川陈 •

颍川陈氏以汉末大名士身份起家，成为当时的名门望族，世代传袭，名重魏晋。颍川陈氏家族成员史实见载于《后汉书》《三国志》《晋书》《宋书》及《世说新语》等书，其中陈寔和陈纪、陈群和陈泰分别在《后汉书》《三国志》中专门列传。颍川陈氏曾撰有《陈氏谱》一部，可惜经历代战乱，该谱已不复存在，但南朝裴松之注《三国志》、刘孝标注《世说新语》时曾征引该谱，所以保存了一些有价值的世系资料。据此可以勾勒出一幅冠冕相承、名士风流的颍川陈氏家族史卷。

第一代陈寔，是当时的道德楷模，声名播于天下。陈寔的六个儿子都很贤德，也很有名望。尤其是长子陈纪（128—

陈

199），字元方，以道德知名于世。他们兄弟友爱，孝养父亲，家中和睦亲善，其家风成为人们学习的榜样。陈纪也曾遭到党锢，在家发奋著作，写成《陈子》一书。党禁解除后，朝廷虽然多次征召，他都拒绝出仕。中平六年（189），汉灵帝去世，大将军何进再次谋除宦官，辟召智谋之士20余人，陈纪被举为五官中郎将，建安初拜为大鸿胪。其弟陈谌，字季方，与陈纪一样道德品行俱佳，亦多次受到朝廷的辟召。陈寔曾评论他们兄弟俩说："元方难为兄，季方难为弟"，即两人难分高下之意。"难兄难弟"的典故即出于此。

陈纪之子陈群，官拜魏司空，位居三公。陈群之子陈泰（？—260），字玄伯，三国魏明帝青龙中为散骑侍郎，嗣父爵。齐王正始中任并州刺史，加振威将军，以怀柔政策管治边民，恩威并举。后回朝廷

陈寔墓

任尚书，不久出任雍州刺史，加奋威将军，后又升任征西将军、镇军将军、尚书左仆射，曾多次打败蜀国大将军姜维。当时人们将陈泰与其父陈群比较，认为在学问造诣、教化天下方面，陈泰不如其父；若论练达世务、建功立业，则要超过其父。

另有第六代西晋人陈眕，与当时的石崇、潘岳、陆机、刘琨、左思等二十四人过从最密，号为"二十四友"。他们或为贵戚，或为名门子弟，或本人即为名士，形成了一个才士集团。"二十四友"中的著名文士，几乎占当时文坛之大半。还有第七代的东晋人陈逵，字林道。他小时就表现出优秀的才干，为人风雅而有文采，以清纯敏睿知名，当时人们将他和谢安、谢弈兄弟作比。他还擅长行草，其书法有羲、献之风。

颍川陈氏中世系明确、见诸史册较晚的还有陈茂先，他是陈準的七世孙，陈寔的十一世孙，东晋安帝时袭封广陵公。

颍川陈氏由汉末入魏晋，子孙历十余世贵显，家族地位历三百年而不坠，可谓魏晋间历史最为悠远的世家大族之一。虽然颍川陈氏主支南迁，但在北魏孝文帝太

梁上君子

和十九年（495）历史上首次以朝廷的权威确定门阀序列时，陈氏仍被列为颍川首姓。

陈氏的郡望地有颍川、汝南、下邳、广陵、东海等郡。历史名人有秦末农民起义军领袖陈胜、汉代名臣陈平、西晋撰写《三国志》的陈寿、唐高僧陈祎（玄奘）、诗人陈子昂、太平天国名将陈玉成和近代民主革命家陈天华等。

• 钟姓两源在长葛 •

钟姓起源有两种说法。第一，源于周朝的宋国君偃的三弟公子烈。周赧王二十九年（前286），宋国被齐、楚、魏三国联军攻灭之后，公子烈避难逃到颍川（今长葛一带），改子姓为钟姓。第二，源于和公子烈同宗同源的宋桓公三子遨。公子遨为宋襄公委派出使晋国，生子改姓伯名亶。他的子孙伯宗任晋国大夫，因直谏而得罪了执政的却氏而被杀。伯宗的儿子州犁出奔楚国，在楚国做官，官至太宰，食邑于钟离小国（今安徽凤阳），子孙遂姓钟离。秦朝末年，项羽的大将钟离昧，在项羽失败后遭刘邦追杀，自刎而死。其次子钟离接为避父难，于公元前201年，在颍川长社（今长葛）去“离”单姓钟，名钟接，他是继钟烈之后又一支钟姓的受姓始祖。这两种说法看似有别，其实有着内在的联系，钟烈、钟接就像长江与黄河一样，都发源于巴颜喀拉山，不同的是长江源于南麓，黄河源于北麓。从二人向上追溯，是同根共祖，一源二流。

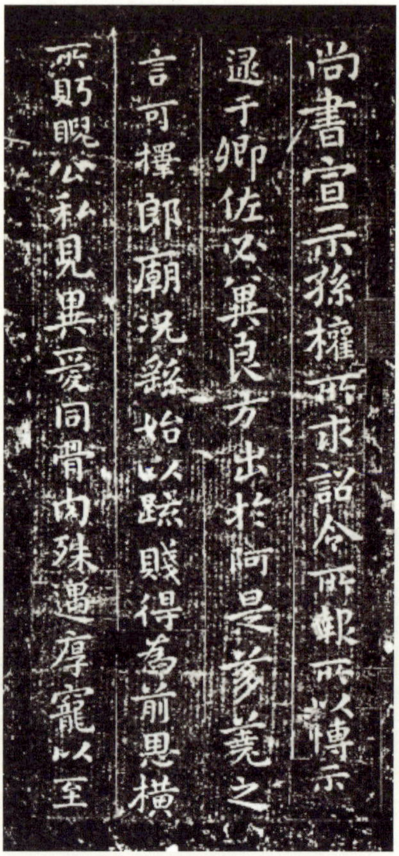

钟繇书法碑文

钟

钟会解字收姜维

钟氏颍川堂

钟烈定居于许后，至东汉钟桂时，成为望族。据史书记载，钟桂生于西汉平帝元始五年（5），成年时正赶上汉光武帝刘秀在南阳张榜招兵讨伐王莽，钟桂率族众应征。他在讨伐王莽的战争中作战勇敢，屡立战功，被光武帝封为镇蛮大将军（一说佐卫大将军），并赐“金铜宝图”。跟他同时入伍的钟姓族众25人全部受封赏，光宗耀祖，名震一方。据考证，钟烈死后就葬在今河南长葛市石象镇茅寨村的封升岗上。

钟姓起源的另一支，钟接及其后人则从中原逐渐向南播迁，并获得蓬勃发展，人丁兴旺。史书上称钟接“循声卓著，花开河阳，渤海颂扬，挹清芬芳”。钟皓，系钟接的十世孙，字季明，东汉著名学者。他早期曾在古颍国社祭坛（今长葛老城西）设馆教书。后移馆到嵩山脚下的密县（今新密市），以诗律授门徒千人，开兴学重教之先河，在历史上影响深远。《后汉书》为其立传，被尊为“颍川四长”（钟皓、陈寔、荀淑、韩韶）之一。钟皓德高望重，名倾朝野。当时朝中一个名大夫李膺常叹曰：“钟君至德可师！”钟姓至钟皓形成望族，郡称颍川，他被后世子孙尊为郡望始祖。楷书之祖钟繇、文学评论家钟嵘及三国时率魏军伐蜀的钟会均为其后代。

从上面的叙述中可以看出，钟烈、钟接都是钟姓的祖先，所以福建长汀钟氏宗祠有联曰：“世稽微子，迁赣迁闽迁粤，瓜瓞绵绵，开二千年基业；系出烈接，盛汉盛晋盛唐，螽斯振振，历四五代中书。”颍川为全国钟氏起源地，钟姓后裔汉晋时以河南为中心。唐代时，陈政父子入闽，钟姓后代随之迁入福建，后分布于四川、山西、广东、安徽；宋、元、明时，福建、广州有钟氏聚居；清朝中期，闽粤钟氏迁入台湾后又迁往海外。

钟姓的郡望地为颍川郡，其堂号为颍川堂。历史名人有春秋名人钟仪、春秋楚国乐师钟子期、南宋洞庭湖农民起义领袖钟相、元代戏曲家钟嗣成、明代文学家钟惺和清代诗人钟耘舫等。

• 夏禹后代为夏姓 •

夏姓来源于中国第一个奴隶制国家——夏朝。《姓纂》上说，夏后氏之后以国为姓。故夏姓出自夏后氏，是禹王的后裔，来自姒姓，起源夏邑（今禹州），始祖夏禹。据传说，鲧治水无果，被放逐羽山。舜又起用鲧之子禹，禹继续治水，历13年平息水患，因功被封于夏（今禹州）。约公元前2070年，禹继舜称王，成为夏部族领袖，建立中国历史上第一个奴隶制国家——夏朝，国都在今河南禹州。禹死后，禹之子启继位，公元前1600年，夏朝被商汤所灭，国王夏桀被放逐南巢，夏之后裔为纪念故国，以祖先国名夏为姓，形成夏姓。

夏姓最初在中原地区繁衍发展，后来迁往陕西、山东、安徽、河北等地。魏晋时期，夏姓大举南迁。宋朝时期，夏姓发展到今江西、安徽、湖南、湖北、山西等地，明朝时期进入广东。近现代夏姓大规模进入

夏

夏禹

夏启

广西、云南、四川和台湾等地。

夏姓的郡望地有阳翟、会稽郡。历史名人有周朝夏黄公，汉代护羌校尉夏育、学者夏恭，唐代诗人夏方庆，宋代名士夏英公，南宋画家夏圭，明代户部尚书夏元吉、内阁首辅夏言，南明诗人夏完淳，清代学者夏曾佑，近代革命先烈夏明翰、考古学家夏鼐、著名剧作家夏衍等。

• 以封地为姓的褚姓 •

褚姓起源有两种说法。其一，以地为姓。在淮河支流颍川流经禹州东部的一段叫褚河，远古时这里主要聚居着褚氏部落，部落的子民以褚为姓，形成褚姓。《褚氏考略》曰："古有褚地，居者以为氏。"其二，起源于春秋战国。宋慕公有个儿子叫段，字石，被分封食采于褚地，因"其德可师"，而时称之为褚师，其后代子孙遂以之为姓，称为褚师氏，后去"师"字为褚姓。宋公子食采于褚，这里的褚是指褚地。因年代久远，地名改动频繁，今天已很难确定具体位置。

西汉前期，褚大迁居于山东峄县（今山东枣庄南）；东汉前期，褚重迁居到河南阳翟（今禹州）；西晋初期，褚磐迁居江苏丹阳，后裔分布在武进、苏州、钱塘等地。其后褚氏分支迁居全国各地，少部分流寓于国外。当今，以江苏、辽宁为褚姓人口的集中地。

褚姓的郡望地为阳翟郡。历史名人有东晋大将军褚裒，南朝尚书令褚渊，隋太学博士褚晖，唐代舒国公褚元量、学士褚亮，清代天文历算家褚寅亮、书画家褚逢椿等。

褚姓发源地——河南省禹州市褚河

• 韩姓诞生古阳翟 •

韩姓起源有四种说法：第一，以国为姓。战国初年，韩厥七世子孙韩虔同赵魏二氏一起瓜分晋国，成为战国七雄之一，建立韩国，称韩景侯，韩虔即为韩姓的得姓始祖。公元前403年，被周威烈王承认为诸侯，建郡阳翟（今禹州），公元前230年韩为秦所灭。后其后裔以韩为姓。故语道：“天下韩氏出颍川，颍川韩氏遍天下。”第二，以人名为姓。上古时黄帝有子昌意，生子韩流，其后有韩经，韩经后有韩姓。第三，以封地为姓。春秋时，晋穆侯把自己庶出的儿子封在韩原，其后以韩为姓。第四，周成王弟唐叔虞的后代。晋昭侯元年（前745），封文侯幼弟成师于曲沃，后至武公取代晋国，自此后，姬万改为韩万，即韩武子，为韩姓受姓之祖。

公元前230年，韩被秦灭，汉定天下，韩氏归汉。河南尹颍川韩骞为避王莽之乱，迁居南阳之赭阳，由此，天下韩氏分为四系，即颍川、南阳、昌黎、夏阳。韩骞曾孙西汉东河太守韩术，迁昌黎，为昌黎始迁祖。宋初，魏国公韩琦曾迁河北相州，南渡后，再定居浙江，分布南方各省，为越韩始祖。南阳三世韩暨之孙韩恬，东晋时迁夏阳，南阳、夏阳共尊韩暨为始祖。弓高侯韩颓当为颍川始祖。河北相州韩氏出自昌黎韩氏。

韩

韩姓的郡望地有颍川、南阳、昌黎等郡。历史名人有西汉军事家韩信、隋大将韩擒虎、唐著名文学家韩愈、北宋大臣韩琦、南宋名将韩世忠、元代农民起义领袖韩山童和清代作家韩晓宿等。

• 康城走出的康姓 •

康姓起源有三种说法，其一，出自姬姓，源于康，始祖为周武王。周武王灭商后，封其同母弟姬封于康（今禹州西北），建康国，都城康城（今禹州康城），史称康叔。周公攻灭武庚后，把殷民七族和商故都周围地区封给他，国号卫，康叔的后裔便以康叔的封地康为姓。其二，出自中国古代西汉西域，为昭武九

康

位于禹州的康城遗址

姓之一。西域的康居国王子，随丝绸之路来到中国，其后代有的就姓康。其三，宋代开国皇帝赵匡胤，为避其匡字，昭天下匡姓改为康姓。

先秦时，康姓主要分布在河南地区，后来南下安徽、浙江，同时自河南进入河北、山西、山东、江苏等地。唐、宋时分布全国各地，清初进入台湾及海外。

康姓的郡望地有京兆、会稽、东平等郡。历史名人有三国早期海外旅行家康泰、高僧康僧会，唐代大将康植，北宋抗金英雄康延泽，南宋学者康与之，元朝戏曲家康进之，明代文学家康海，清末改良派领袖康有为等。

• 葛姓源自葛天氏 •

葛姓的历史起源，一是出自嬴姓，黄帝后裔，以国名为氏。夏代，有诸侯国葛国（在今长葛），世称葛伯，后葛国灭亡，其后代以葛为姓。《孟子·滕文公》载，汤居亳，与葛伯为邻。其后有葛氏。二是为鲜卑族复姓所改。据《魏书·官氏志》所载，南北朝时，北魏有复姓“贺葛氏”，后随魏孝文帝南迁，定居洛阳，改为汉姓“葛”。又传说葛氏为“古葛天氏之后裔”。

葛姓的郡望地有顿丘、梁郡、句容、颍川等。历史

葛

名人有三国道士葛玄、将领葛云，晋代名士葛洪，北魏农民领袖葛荣，宋代词人葛胜仲，明神宗时苏州反税监斗争的领袖葛贤，清代画家葛师旦、清末抗英英雄葛云飞等。

• 鄢姓始祖是求言 •

鄢姓出自妘姓，得姓始祖求言，为黄帝后裔。相传，黄帝子名昌意，昌意子名颛顼，颛顼子名陆终。陆终生有六子，第四子名求言，封在郐国（今新郑市西北），当地居民时称郐人。郐人的后代有的在西周时被封在鄢（今鄢陵），建立鄢国。春秋时鄢国被郑国灭掉，鄢君的子孙仍以国为姓氏，称为鄢氏。后来鄢又被楚国吞并，并改设为县，楚国有大夫也被封于此，担任鄢县尹，他的子孙也就以封地为姓氏，称为鄢氏，楚平王时的乱臣鄢将师就是该楚国大夫的后裔。据姓考云：鄢，周国名，后以国为氏。故鄢氏后人奉求言为鄢氏的得姓始祖。

鄢姓的郡望地有范阳、太原等郡。历史名人有明代县令鄢高、明代举人鄢鼎臣、明嘉靖进士鄢懋卿等。

古城印象

——千年古城文化厚重

在中国的行政区划中，县是最稳定的一个区域。许昌市下辖的许昌县（今建安区）、禹州市、长葛市、鄢陵县、襄城县，都是有千年历史的古城。这种相对稳定的行政区划，让每个县市得以形成自己特有的地域文化，并得到较好的记录和传承。

人生短暂，古城千年。古城目睹了很多人走出自己的县域，但更多的人却是祖祖辈辈都守护着出生时的那片土地。每个人的悲欢离合在古城的记忆里都是一阵云烟。有些人成为传奇，更多的人如尘土一样被历史遗忘，但古城包容着每个人的历史，无论是绚烂还是平淡，都在古城温和目光的注视之中。

因而古城的每一条街道、每一座民居、每一块城砖、每一棵古树，乃至每一粒尘土都是有故事的，用心去触碰，都有着情感的温度。

华夏第一都——禹州城

巍巍嵩岳，高耸万仞，其佳气随颍水迤逦东南而来，至一开阔处，一分为二，用两只臂膀拥抱着一颗巨大的“明珠”。这颗巨大的明珠就是史称“三河之境，黄帝故墟”的禹州。而环抱着这块宝地的两条臂膀：一支居北，名曰具茨山，又名崆峒山；另一支位南，名曰箕山。

发源于登封少室山的颍河，穿山淌涧，一路欢歌，越45里流至千年古关——东岭关，曲曲弯弯，给两岸留下了一川良田沃土——百里颍川。正要一泻千里向东南奔去，遇到了三座小山的阻挡，即棘山、煤山和丹山。这三座不高的小山，略显起伏，形成了一方高阜之地。许是惜恋这块风水宝地，颍水掉头折向东北，又转而向东，继而东南，将一块方圆四五里的地方环绕了大半周，才依依而去。这块地方，就是拥有4 000年建城历史，被誉为华夏第一都的禹州城。

禹州故城，除了颍水三面环绕之外，北依巍巍具茨，东控颍川平原，东南有柏山护卫，西南有三峰为案，西望嵩岳诸峰，既是一方富庶之区，又是历代兵戎之地，引来无数英雄竞相折腰。

公元前21世纪，大禹治水有功，封国于此，赐爵夏伯，后又受众酋长拥戴。夏启元年，启在钧台大宴诸侯，登上天子宝座，翻开了中国奴隶制社会的史册。禹州

古钧台

央视网

钧瓷记

聂政台

成为名副其实的华夏第一都。

战国时期，周威烈王十八年（前408），韩景侯迁都于此。除中间迁新郑五年外，直到韩被秦所灭，韩一直在禹建都，凡170多年。

至秦始皇十七年（前230），韩灭。秦在此地置颍川郡，为全国36郡之一，相当于今省级建置。此级建置断断续续延至清雍正十二年（1734），历时两千春秋。其间名称时为郡治，时为州首，偶尔也为府治。虽然名称多变，但仍为一方一地政治、经济、文化之中心。最多时曾领27县，西接嵩岳，东达扶沟，北及密邑，南控叶舞。

从清雍正年间起，禹州建置降至州治，时为直隶州，时为散州，唯以“小禹州”之名享誉四海。禹人每与周边郡邑人士相交，其气质、风度多秀于他地者，盖因禹州原为京畿重地、天子之都也。

正因此故，禹州城向为兵家必争之地。自有史记载的4 000多年来，禹州故城像一颗耀眼的珍珠，君王天子将皇宗贵胄藩封于此，胡狄强虏一遇改朝换代之时便铁蹄入侵，甚者，匪帮“草寇”也曾数度盘踞此境。围绕着争占这块宝地，发生的大小战事不计其数。比较著名的有狄人攻栎（今禹州），郑围韩都阳翟，秦兵灭韩，黄巾阳翟之战，董卓其部掠禹，晋朝赵齐二王之战，石勒掠阳翟，东西魏阳翟争夺战，农民军窦建德攻取阳翟，农民军王仙芝攻克阳翟，黄巢西攻阳翟，金兵陷阳翟，金军屯钧州，蒙金三峰山大战，李自成攻禹，白莲教掠禹，捻军攻禹，禹民反洋教斗争，北洋陆军吴鸿昌劫掠禹民，

十三帮会馆

禹民抵制日货斗争，禹民抗日斗争，解放军四次解放县城，等等。

禹州曾为天子之都，毫无疑问，禹州故城就是皇城帝府。巍然屹立的古钧台向人们诉说着数千年的夏朝帝都之威严。在历代旧志中，均云禹城西关禁沟为韩王故宫。

禹州故城最早的资料记载始于汉代。其时为土城，绕城一周，为2 240丈。若按1里等于150丈计，则近15华里，并筑以城壕、城雉。城池的修建，框定了禹州故城的规模和格局。

东汉光武年间（25—56），道教盛起，阳翟城西南隅奉旨建造了具有皇家气派的万寿宫，由万寿宫的规模可窥当时阳翟城内繁华之一斑。

自三国至元代（220—1368）的1 100多年间，由于没有志书流传，禹州故城没有留下多少可提及的建筑物。只在北魏建一天宁寺，唐代阳翟令陈宽建一颍亭，金代道士在张良洞侧辟有訾仙洞。元至元年间，知州王显祖移建文庙于州治西南（今俱乐部内）。

进入明代，禹州（明万历三年因避朱翊钧名讳，改钧州为禹州）故城掀开了光辉灿烂的一页。这一时期虽然只有276年（1368—1644），但禹州故城城池和房屋建筑空前辉煌，且经过了由快速繁盛而又迅即化为废墟（明末，汝州土寇武刚屠城）的过程。

这一时期禹州城出现三大特点。

一是王府林立。明成化十三年（1477），明室将英宗第九子朱见沛封至禹州做徽王。自此，四代亲王和以下的郡王、支属郡王，在禹州争相营府造第，建楼筑园。一时间，城内“朱邸崇楼，连云充闾，日暮笙歌，达旦不休”（清康熙《禹州志·序》语）。规模宏大而又存在时间较长的，有位于长春观东侧的徽庄王府，位于奎楼东侧的太和王府，位于今衙前街路西的德平王府，位于今武装部一带的怀庆王府，位于北城门内的埔城王府……整个禹州城，可谓一个王府城。除此，他们还凭着皇室的财力，大建寺庙，位于城东南隅的广通寺就是王府奉旨而建的。

二是修筑砖城。自汉筑城起，已千余年矣，虽经历代修葺，但一直为土城，遇匪逢洪，多不坚固。明成化十三年（1477），封徽藩于禹州。徽王奏请明廷，于明正德三年（1508），将城以砖石甃之，一改千年土城之貌，并由知州李邦彦城立四门。三年后，即正德六年（1511），河北流“贼”赵疯子围城，寇退后，复增重门，使禹州城固若金汤。

三是争建牌坊。元代以前，禹州牌坊有据可查者不足10座。到了清顺治年间，城内见于志书的牌坊就有70多座。由此可知，明代是禹州城建造牌坊最多的时期。入得禹州城，大街小巷，牌坊林立，尤以十字大街为甚。特别是南大街（古称凤集街），可谓十步一大坊，五步一小坊，是名副其实的牌坊城。这些牌坊，以炫耀功名、门第者居多。溯其原因，主要是明代禹州中科举者多，高官显贵者多。有资料称，仅明代，就中进士42人（甚至还有一家同胞兄弟三进士者），中举人155人。这些人或入阁拜相，或封疆大吏，按当时制度，凡举人以上、国子监太学生，都有资格建立牌坊，一时建坊成风。最值得提及的是马文升，因在朝50余载，辅佐过5位皇帝，官至兵部尚书和吏部尚书及太师、太傅，在城内仅为他及其后裔立的牌坊就不下20座。禹州城最大的牌坊就是为马文升立的“五朝元老”坊，俗称大牌坊，其规模、形制、影响在禹城为最。

综上所述，明代禹州城出现了前所未有的繁华，当时城内形成了17条街巷（口），可惜，未能长久。明崇祯十四至十五年（1641—1642），李自成攻打禹州城，再加上明崇祯十六年，汝州土寇武刚屠城，以人肉设宴，析房为薪，居城60余日，与朱明王朝有关的建筑焚烧抢掠殆尽，城中白骨累累，瓦砾遍地，事后月余不见人迹。“城内蒿蓬，满目比泱”，“禹豕大乱，四境狉榛”（民国《禹县志·官师传》）。这是禹州城空前的浩劫。

清顺治二年（1645），清廷派马汗朱任禹州知州。马汗朱单骑上任时，全城几无人迹，他亲自舂米为炊，身率旧役7人，斩辟草莱，掩埋白骨。

清朝初期，面对遭受重创的禹州城，朝廷采取休养生息政策。禹州城在废墟中逐步恢复了元气。至清顺治八年（1651）时，禹州城渐次增建为22条街巷，至道光年间（1821—1850），城区街巷（口）增建为27条。同时在城区又出现了新的牌坊，但这些牌坊，基本上都是旌表烈女节妇的所谓贞节坊，且以顺街坊为多，其形制也大多小于明代的功名门第坊。

值得一提的是，清康熙年间（1662—1722），禹州药市兴起，乾隆年间臻于繁华。随着中药材集散地的形成，以晋商为代表的诸多药帮，在禹州城西北隅争相建造自己帮会的会馆。内设庙院、馆舍、戏楼等，规模宏大，为禹州城又增添了新的景观。禹州成为全国四大药材集散地之一，万商云集的药材交流大会也成为一道亮丽的风景线。

民国时期，禹州城屡遭兵火匪患，人民不堪其苦，外商大多去禹另就。最甚者应数甲子除夕战，西大街、辛安街死尸成堆，血流遍地。仁义巷北口一度被尸堆堵塞，行人无法下脚。西大街商铺被烧，三日不熄。乱后，在南关开壕沟数里，车载绳拉，掩埋死尸不辨身份，一并埋入壕内。

尽管如此，禹州城仍保持了明、清两代遗留下来的基本框架。城内街巷约有70多条，城内中间地带较高，四周略低，中心区域商业比较繁华，四周比较荒僻，城中居民多在背街小巷内，城区街道一般比较狭窄，宽度超过一丈的多是十字干道，当时还遗留有诸多牌坊和用于夜间保卫的街口栅门，众多的古建筑点缀于城区各坊。历史上沿袭下来的药业、粮食、布匹、瓷器和杂货市场散布城区。商贾云集，吆喝叫卖声、骡马铃铛和车轮碾过大街的叮当声，不绝于耳。值得一提的是，进入民国，禹州城又增添了几分“洋”气，以外国传教士建的福音堂为代表的教堂、教会医院、西药房悄悄出现在禹州城区多个显眼位置。由于冯玉祥的“捣毁神像、僧尼还俗”运动，诸多的宫观寺庙变成了西式的学堂。

禹州解放后，共产党领导禹州人民开始了全新的建设运动。原有的禹州城池、街口栅子、街中牌坊，已经成了交通的障碍，故纷纷拆去。拆去城墙的空地，盖上了公共建筑，如1958年建的县人民医院（俗称北关医院）、大礼堂（现已拆除）等。1958年，城门铁木构件被拆去。“文化大革命”中，文物古迹又被砸毁了许多。幸运的是，城隍庙、古钧台等少数古迹还保存较完好，被锁进深深大狱的聂政台反倒躲过了浩劫，给今天的禹州人留下了诸多遗憾和思索。

尽管如此，禹州故城的轮廓还在，诸多古迹遗迹尚存。尤为可喜的是，禹州党政领导非常重视故城的保护，划定了需要保护的故城区，并陆续根据老人的回忆和古籍的记载，恢复重建了古钧台、钧官窑和禹王锁蛟井等一批文物古迹。禹州还被省政府列为第一批历史文化名城。

• 楷书鼻祖钟繇故里——长葛老城 •

长葛是中国书法史上楷书鼻祖钟繇（151—230）的故里。

长葛其名始见于《春秋·鲁隐公》：“五年冬，宋人伐郑，围长葛。六年冬，宋人取长葛。”旧有传说，长葛邑为郑武公掘突所筑，为郑武公的汤沐邑，其后为郑国执政、著名政治家公孙侨（子产）的采邑。这个名垂史册的郑国城邑，在长社城北6公里处，而长社城当时为颍州、颍川郡、长社县三级治所。

长社城哪里去了呢？据《北史》和《十六国春秋》载，东魏武定五年（547）夏四月，太尉高岳和慕容绍宗、刘丰生将步骑十万众攻西魏王思政于颍川（治长社），累年不克，刘丰生建策堰洧水灌城，城中泉涌，悬釜而炊，自长社以北皆为陂泽。后大将军高澄益兵攻城，亲临作堰……武定七年六月，大风从西北起，吹水入城，城坏。长社城就这样被高岳、高澄等用双洎河水给淹掉或冲掉了。

今长葛老城是在原长社城的基础上兴建的，1960年前为长葛县城。

老城素称“人城”，起因是城区

长葛社柏

禅静寺造像碑

平面图形酷似一仰卧巨人：北门外文凤阁，是其“头”，民众俗称“人头阁”；东西两关是其“双臂”；两个南关是其“双腿”。更有附会者说，以北大街为中线，左右对称的真武庙、关帝庙是其“乳房”；北大街南端的路家坑是其“胃”；孔庙东的黉学坑是“膀胱”，黉学坑南端有人工修的拱形地下排水道（高1.3米、宽1米，与南护城河通），当谓之排尿之通道。

城墙毁于抗日战争。1938年省会开封沦陷，长葛因有黄泛区阻隔，尚未沦入敌手。是年，虑及城墙坚固，一旦失守，光复困难，省政府急令全省拆除城墙，于是全县十二保民工耗时数月，千年古城墙遂成起伏连绵之残垣。

老城内名胜古迹甚多，择要介绍如下。

社稷坛

社稷坛位于城西北一里处，民众多俗称“坛坛”。此处数十株古柏，一说为汉柏，一说为周柏，老城籍已故画家曹宜民老先生则称其为殷柏。

禅静寺造像碑

禅静寺造像碑又名敬史君碑，位于长葛市老城镇第一初级中学院内。它刻于东魏兴和二年（540），原立于颍川禅静寺古刹前，即长葛市老城镇西北辘轳湾村西，后寺毁碑没。清乾隆三年（1738）当地农民掘土时发现，乾隆十四年移立于城内陉山书院，建亭保护。同时，沈青崖在碑的背面空白处撰跋（张庚书丹）。

碑高2.5米（碑座除外），宽0.84米，厚0.26米。碑额六螭盘绕，拱卫一佛，佛背后和两边刻比丘8人，佛下刻比丘9人。碑文1 265字，字体扁而均匀，用笔圆润含蓄，是“龙门二十品”外之精品。清代金石家将该碑辑入《金石萃编》。从康熙年间至1929年，三次续修的《长葛县志》中都收录了该碑的碑文，并做了有关事项的记载。该碑是龙门石窟佛雕艺术的进一步发展，其书法为由隶入楷的魏书体，既继承了汉魏之遗风，又开拓了唐楷之先河，是我国魏碑中著名的佛教造像碑之一。碑文备述敬显俊（北齐大臣，曾讨伐农民起义军）业绩，可补史册之阙。该碑为研究北朝雕刻艺术和农民运动历史的宝贵实物资料。

婆婆石的传说

子产，春秋时郑国人。长葛是他的采邑（封地）。子产之时，郑国南有楚、北有晋，处于两霸之间，国小，难以自立；公族子孙恃权争利，互相仇杀，到郑简公时外忧内患层出不已，眼看要亡国。危难之际子产任卿、执政大臣，历事三朝，执政前后达26年。子产施展政治外交手段使处在晋、楚两大强国之间的郑国平安无事。他内修法制，外和强邻，使国势日盛、百姓安乐。小小郑国被治理得民富国强，政通人和，晋楚两霸奈何不得。

子产在国内进行了一系列改革：铸刑鼎，建中国首次公布的成文法，把法律条文铸在鼎上公之于众，让人们知道遵法。作封洫，划分田亩疆界，承认土地私有，取消井田制（我国奴隶社会实行的土地国有制。国有土地上，田间的小块田界称阡陌。南北为阡，东西为陌，纵横像井字形状，名为“井田”）。作丘赋，制定田赋制度。加强兵备，改革军赋制度。保留“乡校”，听取国人意见。那时人们常到乡校议论政事发泄不满，有人建议拆毁乡校，子产说不能这样，不能用威力压服不让发泄怨气：防民之口，甚于防川，“大决所犯，伤人必多”。子产的改革遭到奴隶主贵族的激烈反对，有人写信骂他，子产回信说：我没有才能，不能为后世子孙考虑，只是为了矫正当世的弊端。“只要对国家有利，我死也要做。”子产为相三年，国内夜不闭户，道不拾遗。子产在百姓中享有很高威望，深受国人爱戴。

公元前522年，子产病死前对妻子和儿子说：“我死后丧事从简。我生不贪民财，死不占民地，把我葬在陉山（在今长葛市西部）之顶。”人们听到子产去世的消息莫不哀痛，哀唱：“我有子弟，子产诲之。我有田畴，子产殖之。子产而死，谁其嗣之？”孔子听说子产去世也悲伤不止，痛哭流涕地说子产是“古之遗爱”。

子产爱民如子的事迹感天动地泣鬼神，产生了一个美丽的传说。陉山南麓近山脚处有一处景观叫“婆婆石”。传说是子产葬在陉山，感动了一位叫石婆婆的神仙，在夜里负石上山为子产垒坟，刚行至这里雄鸡高唱，天明了，就永远停在了这里，所以这处景观叫“婆婆石”，俗称“老婆顶石头”。

子产墓在陉山，墓顶为圆形，红石所砌。墓东有祠，内植松柏十几株。每年农历三月三、九月九这里有庙会，周围百姓都要到墓前上香、叩拜。满山是人，遍地香火，烟雾如云，经声似潮。子产去世距今已有2 500多年，人们还没有忘记他。

• 周襄王奔走之地——襄县古城 •

襄县（今襄城县）历史悠久，早在新石器时代，已有先民在此狩猎农耕，襄城周朝春秋时名“汜”，郑地。公元前636年，周襄王因避其弟太叔带攻占京都（今洛阳市）之难逃奔郑国，居住于汜。公元前540年，襄城属楚，楚灵王在汜之西北隅筑新城，因周襄王曾居于汜，故定名襄城。

襄城县古城位于现县城西南侧，南临北汝水，北依陕宛古道，是古代连接荆楚与陕洛的重要关隘。襄城县古城墙历经修筑，隋唐后始扩建成今天的规模，是河南省保存最完整的县级古城墙。现存城墙长2 297米，高6米，基部厚9米，上部厚6米，多为明代重修。城墙外部根基用长条形红石垒砌，整个城墙用黄土夯制而成，城墙里面部分地段用青砖覆面，但大部分用黄土夯成。

古城墙在明代经历较大规模的修建有三次。第一次是明嘉靖二十九年（1550）由主簿樊叙重修。城墙东西南北各设一门，因学宫在城墙西南，特建奎门，较小，通汝河水道，以纳秀气，共五门。东西南北城门各覆一屋，城门上分别写有匾额：东门为“风传东鲁”；南门为“汝水

襄城瓮城

襄城县文庙奎壁

通津，襟带山河”；西门为“眺嵩，西扼陕川”；北门为“瞻望京阙，北通燕赵”；奎门为“聚奎楼”。第二次是明万历二十五年（1597）知县李光先以砖筑南、西北三面城墙，以防水患。城外有壕沟，壕沟与汝水相通，水深流急，形成又一防御屏障。第三次是万历三十年知县诸允修在县城四门增修瓮城。崇祯年间李自成毁城，清顺治八年（1651）重建，康熙二十一年（1682）重修，从而形成了今天的城墙。新中国成立后，随着城市的改建，城墙南、东、北段先后被毁，目前，只保留县城西至西北的一段城墙和瓮城。

在2 500多年的厚重历史中慢慢砌筑起来的这段城墙，每一块城砖中都蕴含着一个或悲壮或欢喜的故事。据《晋书》记载，西晋末年，杜会军队围攻襄城数月，城中人困马乏，粮尽草绝。危难之际，襄城太守荀崧年仅13岁的小女儿荀灌（字灌娘），为救其父和全城的百姓，夜间率领数十人逾城突围而出。敌兵穷追不舍，荀灌激励将士边战边往前冲，直到鲁阳山方才摆脱敌兵追杀，后来搬回了援军，大破敌兵，从而成就了荀灌娘这个威风凛凛的少年女英雄的千古盛名。

襄城县文庙

襄县古城

西城门为砖砌成，城头高12米，门高6.5米，宽5米，上部为砖券拱形。城门外增设瓮城，瓮城呈半圆形，长96米。瓮城设一城门，其主要作用有二：一是迷惑敌人，诱敌深入，待敌人进入瓮城，关闭城门，从而一举歼灭；二是因文庙在县城西南，在此建一门直通汝河水道，既方便取水，又可聚纳秀气。瓮城的城门不是朝向南方，而是朝向西南方的，据说是古人为迎风水，特意这样建造的。汝河在西边由北向南绕了一个大弯后自西南方迎面而来，这在过去风水说中是大吉的象征，所以建瓮城的人便将瓮城城门设计成朝西南的方向以迎风水，为民造福。经专家考证，襄县古城墙保存完好，其瓮城完好程度在全国已不多见，其文物价值不低于郑韩故城。

位于县城内的文庙，创建于唐贞观二年（628），是中原创建最早的文庙之一。明洪武二年（1369）重加修整，现存奎壁、大成殿。

• 秦国最后统一的国都——鄢陵古城 •

在《唐雎不辱使命》中，唐雎不畏强暴，英勇沉着，智斗秦王，使五十里安陵得以保全。文中所说的安陵国就是鄢陵古城。

鄢陵古城在今鄢陵县城西北9公里处，因原县城在东汉前期黄河第二次改道时被冲毁，古城迁至今安陵镇。

安陵镇最早原是一个村寨，名为彪岗寨，踞龙形岗之巅。龙形岗东西走向，从县西长葛入境，东至扶沟出境，高4.5米，长18公里，是鄢陵境内较大的一条岗陵。传说“三虎生一彪”，在彪岗这个地方置县，可以借龙形岗的灵气，繁荣昌盛。还有一种说法，鄢陵南部的陶城也曾置县（隐强县，属汝南郡），因为那里地势低洼，所以撤销了县治，而彪岗不存在上述问题，因之鄢陵县治所移彪岗1 900年，一直未变。现县城所在地为古鄢（安）国属地，故名安陵镇。境内有隋代始建的乾明寺塔（又称鄢陵塔）、蔡邕亲书的“尹宙碑”、东汉建安二十一年（216）封的鄢陵侯曹彰墓、唐庄古文化遗址等。

豫味花乡

鄢陵古城遗址

■ 鄢陵“一榜五进士”，朱明天下鄢半朝

安陵作为县治的1 900年中，产生了众多历史人物和有趣的传说。在明代，鄢陵有“一榜五进士”和“朱明天下鄢半朝”的故事。

“一榜五进士”是说万历四十七年（1619）鄢陵县有五位举子赴京参加会试，他们是梁廷栋、梁廷翰、常自裕、郑二阳和苏守范。三场已毕，举子们都翘首以望，等待发榜，希望榜上有自己的名字。会试发榜了，人们料想不到当时仅有5.2万人口的鄢陵，竟出了梁廷栋等五名进士。鄢陵“一榜五进士”传得沸沸扬扬，有赞佩的，有羡慕的，也有忌妒的。个别名落孙山的举子则认为考场出了问题，五进士有串通舞弊之嫌。此事被朝廷闻知，立即派人对考场进行调查。经过核查，一切正常，舞弊的传言自消。后来，这五位进士在朝居官忠勤，郑二阳任都察院右佥都御史，梁廷翰为郧襄道副使，常自裕任户部侍郎，梁廷栋累官至太子太保、兵部尚书，苏守范官至吏部主事。

“朱明天下鄢半朝”，是说朱明王朝中央权力机构中鄢陵籍官员约占一半。“半朝”之说也并非无因：明代朝廷中枢分吏、礼、户、工、刑、兵六部。鄢陵籍官员在吏、户、刑、兵四部中都身居要职，除以上所说的五位进士外，还有宣德年间张睿官至户部尚书，正德至嘉靖年间刘璟、刘讱父子先后任刑部尚书加太子太保。因而“朱明天下鄢半朝”之说就流传开来。

■ 乾明寺塔

乾明寺塔位于鄢陵县城西北隅，始建于隋仁寿四年（604），宋代重建，明代修缮，原在乾明寺内，现寺废塔存。

乾明寺塔为六角十三层楼阁式砖塔，高38米，由基座、塔身和塔刹三部分组成。基座平面呈六角形，高1.24米，为青砖垒砌，青石压条。塔身底层平面为六角形，每边长3.78米，每层檐部均施砖雕斗拱，斗拱下置砖雕普枋和阑额。转角处施斜拱，瓦檐挑角，每角原置套兽、风铎。第一层塔身的南面和北面以及第二层塔身的南面辟半圆形拱券门，门两侧砌圆形倚柱。第三至八层和第十二层辟为叠涩门，东南、西南、东北、西北四面均设有直棂和方棂假窗及拱券门。一层南门内筑有塔心室，一层北门内筑有台阶，可旋登至七层。第二层塔身嵌塔铭，第三层塔身一周镶嵌铁色琉璃佛像雕砖八块。塔刹为三层仰莲承檐，上置金属盘托宝珠。明嘉靖元年（1522），因地震塔刹坠地。嘉靖二十八年，由禅纳续暹主持，周定王与王妃捐资，重修塔刹，改铁刹为镀金铜刹。

鄢陵乾明寺塔

1995年8月18日上午，一名犯罪嫌疑人从塔外檐翻越至十三层塔顶，撬开铜宝瓶，用铁箍钩出宝瓶内上层的文物，其中有《大方广佛华严经》一部分和小铜佛9尊。公安部门及时抓获了犯罪嫌疑人，收缴了文物。同时了解到，塔刹内分上下两层，上层文物已全部钩出，下层文物全部存留，其中有大铜佛和其他经书。县里当即将这一情况电告河南省文物局，建议抢救塔刹宝瓶内留存的文物，尽快维修乾明寺塔。1996年，中央、省、市、县四级政府筹措资金，对该塔进行了一次大的维修，在维修中清理出塔上明代文物32件，对研究古代建筑和佛教活动有很大的参考价值。

豫州从事尹宙碑

豫州从事尹宙碑位于县城东南隅的文庙戟房内。尹宙碑刻于东汉熹平六年（177），据清武亿《授堂金石跋》一书考证，为东汉大文学家、书法家蔡邕撰书。碑阴是元延祐元年（1314）所刻。元朝时尹宙碑发现于洧川（今长葛市），鄢陵县

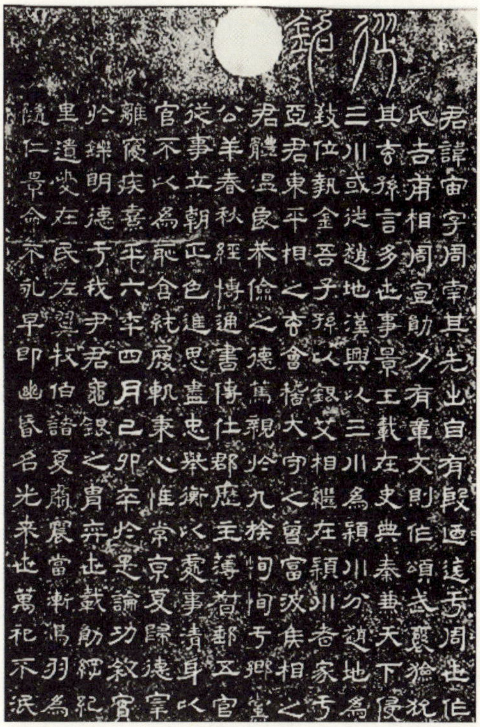

尹宙碑拓片

令达鲁花赤阿巴赤念此碑千年有余，毁之可惜，故刻上年号立于孔庙。现碑高2.09米，厚0.24米，宽0.96米，碑额正中有一直径0.13米的穿孔。孔右端刻“从铭”二篆书，以下依隶书勒石。碑文14行，每行27字，叙述豫州从事尹宙的家世及功绩。此碑书法是隶书向楷书的过渡，对研究汉代文字发展与书法艺术有很好的参考价值。

中国钧瓷之都——神垕镇

“中国钧瓷之都”神垕镇地处伏牛山余脉的群峰环抱之中，位于禹州市西南30公里处，被誉为“中国唯一活着的古镇”。2005年11月被建设部、国家文物局共同命名为中国历史文化名镇。2014年神垕镇成功入选河南省旅游局、河南日报报业集团、河南省新闻出版广电局评选的“河南十佳美丽乡村”。2016年10月，入选国家发展改革委、财政部、住建部第一批公布的中国特色小镇。

神垕早在明代万历年间（1573—1619）就开始称镇，属鸿畅都凌锦里，清代归文风里管辖，民国初年仍属文风里，后来设镇。据《禹州志》记载：“州西南六十里乱石山中有镇曰神垕，有土焉，可陶为瓷。”垕，在字典中这样解释：神垕，地名，在河南。如同“曌”为武则天而设，“垕”便成为这片神奇土地的专称。神垕也因土而留下了种种有趣的传说。

神垕古街

相传，宋时有人把神后钧瓷送往汴京。宋徽宗一见，喜不自胜，玩味再三，连称：“绝妙，奇珍！”忙问产于何地，侍臣奉告产于神后。徽宗说：“神后出此珍宝，应以土为上。”遂提笔在“后”上加了一个“土”字，因此，神后就变成了“神垕”。南宋高宗登基后，认为把山下的土捧到头顶上，以土压人不好，于是又把土字搬到下边，改为“垕”。到了清代，慈禧太后很喜欢钧瓷，听了关于“后”字的故事，认为把土捧到头上以土压人固然不好，但踩在脚下也可惜，不如背起来好，这样又成了“垢”。还有一说，镇名中的后字原为“垕”，明穆宗朱载垕即位，为避讳，便将“垕”字中的“土”去掉。到清代恢复原名，又写成

“神垕”。

神垕镇境内有丰富的陶土、煤炭、石灰石和紫砂石等矿产资源，陶瓷生产条件得天独厚。远在四五千年前的新石器时代，神垕先人已从事陶器生产。神垕因陶瓷而得名，因钧瓷而兴盛。早在唐代神垕就已烧制出多彩的花瓷和钧瓷，到了北宋徽宗年间，钧瓷生产达到了登峰造极的地步，被定为“宫廷御用珍品”，官府在阳翟（今禹州市）钧台附近设置官窑，为宫廷烧造贡瓷，实现了钧瓷生产由民窑向官窑的转变，成为全国五大名窑之一。随后，钧窑的发展进入鼎盛时期，神垕镇形成了庞大的窑系，成为钧瓷生产最集中的地区。金、元、明、清时期，神垕镇日用陶瓷生产渐成规模，成为全国日用瓷主要产区之一。明成化年间，《神垕真武庙碑》中有“神垕之镇耕读陶冶者千余家”的记载。清代有“进入神垕山，七里长街观。七十二座窑，烟火遮满天。商贾遍地走，日进斗金钱”的民谣。现在镇内有唐、宋、元、明、清各历史时期的古遗址数十处，是一部铭刻在中原大地上的神垕钧瓷生产发展史。如下白峪宋代古窑址，2001年北京大学与河南省文物考古研究所联合发掘，被学术界定为当年十大考古发现之一。该窑址被纳入国家级重点文物保护单位，有极高的学术研究价值。目前，全镇共有陶瓷企业460多家，生产钧瓷、炻瓷、高白细瓷等六大系列千余种产品，年产量达7亿件，产值18亿元，成为河南省重要的陶瓷出口基地。

伯灵翁庙戏楼

千余年的岁月变迁，悠久的陶瓷生产史，形成了神垕镇厚重的历史文化和独具特色的人文景观。神垕镇的明清建筑古色古香，风格独特。窑神庙、灵泉寺、祖师庙、古寨墙、古民居、古商铺等，散布神垕镇区，散发着浓郁的地方民族文化气息。神垕古镇区保留有较为完整的明清古街，俗称“七里长街”。唐宋以来，随着陶瓷业的兴盛，许多富商大贾在此置田、建宅、经商，逐步形成神垕老街，从东到西有东大街、西大街、白衣堂街、红石桥街、关爷庙街等街道。道路两侧店铺林立，古民居依势而建，保存比较完整的有

神垕古建筑

邓禹楼、温家大院、白家大院、王家大院、霍家大院、苗家大院、苗家祠堂等。古民居多为明清时期建造，饰以精美的石雕、木雕和瓷艺，古朴典雅，端庄大方。一进三、一进四的庭院形成经营、生活、制作一体化的地方特色古宅院。此外，驺虞桥、八仙桌、压妹台、白果树、黑龙潭、小天池等自然景观，也以优美的神话传说和秀丽的山水风光，将神垕镇绘成了一幅集历史、自然、人文特色于一体的旅游画卷，成为令游人心驰神往的观赏景点。神垕镇现有的“钧瓷一条街”“古玩一条街”“手工作坊一条街”，不仅充分展现了中华民族传统钧瓷文化的博大精深和陶瓷殿堂的神奇，而且还能使游客在此接触到悠久的民间工艺，体会到淳朴的民风。

神垕窑神庙，俗称伯灵翁庙，位于神垕镇西大街路北，是由花戏楼、木牌楼等组成的一组布局完整的古建筑群。

花戏楼始建于元代延祐七年（1320）。现存建筑门额石刻上款识为：康熙年重建，光绪年重修。面向大街山门的门楼为单檐三坡、抱厦式，它依附于主体建筑屋檐之下，小巧别致，风格独特。伯灵翁庙花戏楼楼基长 9.7 米，宽 8.9 米，高约 10 米，面阔四柱三间，单檐歇山顶，兼进出、演戏于一体，屋顶由三色琉璃瓦覆盖，组成各种颜色不同、古朴大方的菱形图案。木牌楼为单间二柱单檐式建筑，用四攒斗拱，斗拱作十五踩七下昂、重拱造。花戏楼雕梁画栋，粉壁彩屏，各式雕刻玲珑剔透，具有较高的艺术价值。伯灵翁庙是过去神垕钧瓷艺人供奉窑神的地方，花戏楼是神垕的标志，也可以说是钧瓷文化的根。

漫步神垕小镇，古老的街道，鳞次栉比的老房屋，仿佛让人回到了遥远的年代，走进那弯弯曲曲的胡同，仿佛走进神垕起起伏伏的历史中，房屋和街道共同诠释着这个全国“活着的文化古镇”，吸引着千百年来赞叹的目光。它们阅尽沧桑，从不开口，却道尽了曾经的喜怒哀乐，就是这样一代又一代传下来的古民居见证了这个小镇昔日的辉煌。

神垕镇早在清康熙、乾隆时期就形成了古玩市场。现在古玩市场每周二开市，每个交易日展出摊位300多个，参加客商数千人，出现了营销火爆、购销两旺的新局面。一是古玩交易的品种呈多样化，由以往比较单一的古瓷器发展为铜器、玉器、石器、木器、首饰、字画等数十类上千个品种，人们选择的空间更大，交易量更多。二是外地客商来神垕镇交易人数成倍增加。客源地省内有郑州、洛阳、开封，省外有西安、太原、北京、武汉、合肥等。他们不仅买走了神垕镇众多的工艺品、古玩藏品，同时带来了中原地区及南、北古老产区的各式特色工艺品，神垕镇已经成为知名的“中原潘家园”、全国卖品集散地。三是仿古作坊也直接上市交易，形成了“前店后坊”传统式生产销售布局，成为神垕古街的一道风景线，使古镇、古街、古玩融为一体，相映生辉。

这里还流传着窑神金火圣母的传说。

相传北宋时期，几乎每个村子的神庙里，人们都会见到红脸火神爷，而在神垕的敬火神爷的庙里，却端坐着一位姑娘——窑神金火圣母。事情是这样的：宋朝皇帝做了一个梦，梦见一对神秘的花瓶，红似朱砂，鲜似鸡血，晶莹透亮，闪闪发光。第二天，皇帝醒来派大臣四处查访，终于打听到了钧州神垕曾烧出过类似的花瓶。皇帝传下圣旨，让神垕窑工烧制梦中的花瓶。钧瓷的烧制异常玄妙，人们至今还不能完全掌握它，何况在当时的条件下，更难烧出皇帝梦中的钧瓷。因为不能烧出理想的花瓶，多名窑工被处死，最后任务落到了一对相依为命的母女身上，母女俩很穷，靠一座小窑炉度日。女儿美丽、善良，万般无奈之下，在决定钧瓷窑变成色时跳进窑炉，让自己的血气渗入匣钵，凝结在花瓶之上，用自己的生命烧制出了皇帝梦中的花瓶，挽救了乡亲。人们为了纪念这位美丽善良的姑娘，为她塑了像，盖了庙宇，让子孙后代敬仰她，怀念她。

千年古镇，承载了太多的喜怒哀乐，太多的神奇传说，丰富了一代又一代孩子的童年。千年的历史，淳朴的民风，宁静安详的气息拥抱着整个古镇。或厂房里创造，或田地间耕作，或小巷里漫步，或笼盔墙下玩耍……一天又一天，一年又一年，四季交替，岁月轮回。一声鸡鸣，又是一个希望的开始……

• 禹州古村落 •

传统村落是中国传统文化的重要载体，每一个在时代洪流冲击下遗留下来的历史文化名村，都是一部浓缩的地方史。

住房和城乡建设部、文化部、财政部等七部委于2012年开始各级传统村落申报工作，许昌禹州市从2014年开始申报，其中白北村、张西村、浅井村和扒村4个村于2015年通过了中国传统村落的评审。

■ 白北村：白沙之畔藏古村

白北村形成于元代以前，位于花石镇北5公里，禹州市西北部，紧邻白沙湖景区，距市区27.5公里。白沙湖位于禹州、登封和新密三市交界处，湖水碧绿晶莹，

白北村远景

四面青山环绕，翠柏葱茂，夜可听松涛阵阵，朝可观日出嵩山，夕可拾平湖晚霞。水上备有豪华游船、快艇和多种小游船，乘船游览，可到天爷庙祈求平安，可到龟岛上烧烤、游玩；上游崖畔有栈道，可探寻鬼谷子洞、姜子牙钓鱼台，可近至石羊关前观瞻石刻，可登临祖师庙，还可到马峪河入口处探寻禹王洞。

白沙湖周边是我国古文化遗存最古老、最全面的地区之一，从新石器时代早期的双庙沟文化、七八千年前的裴李岗文化到有五六千年历史的仰韶文化龙山文化、夏代城址、商代二里头文化晚期村落遗址、秦汉冶铁作坊遗址，等等，直至唐代均有不同程度的遗存。

白北村道路宽敞平整，全村有四纵四横八条主街道，有一条繁荣的商业街和一个大型的集贸市场。村内有包括刘宇墓在内的汉代、宋代、战国、唐代墓葬与遗址七处；望嵩桥、古寨墙、逍遥观三级提灌工程等古旧建筑三处；主要传统民居群四处，分别是杨氏老宅、耿氏老宅、李氏老宅等。此外，还有关帝庙、花戏楼、菩萨堂，以及元代冶铁遗址、白沙书院、观音阁、天爷庙、将军庙、府君庙、关羽斩将台等多处古遗迹。同时，村内还有四口古井和多棵古树，都是非常有特色的景观、景点，很值得一看。

■ 张西村：留侯故里名士风

张西村，形成于汉代，是汉留侯张良故里，位于禹州城南13公里张得镇之张得寨。南寨门嵌有古石额“留侯故里”，石刻楹联“黑石关险通云衢，赤松林幽逸仙踪”。北门楼壁联为“楼对青山卧韩相，书传黄石有张良”。该寨北望三峰，西瞻龙山，南依城父岗（又称栎松岗），三山相护。城父河在寨西北1.5公里处，分为两大支流，分别向东、东南流入寨壕，并在寨东南角汇合后向东逶迤而去，注入吕梁江。自然形胜，山清水秀，风景秀丽。该寨初名韩里，是张良祖上五世相韩的封地。两汉时，当地人感念张良及祖上的功德，将地名改为张得。据有关史料记载，张得曾为古父城县所治所，明朝改为彰德店，清朝称张得镇。

张西村俯瞰

扒村古玩市场

寨中面积约1平方公里，聚落呈正方形，南北主街一条，长0.7公里。寨内26条街巷纵横交错，呈棋盘格局。寨内房舍，多明清建筑，砖木结构，布局严整。寨内“张家大院”“朱家大院”“子房寺”“马王庙”“谋圣殿”等遗迹尚在。而这些遗迹，大都集中在张西村内。

张西村村东的黑石关，相传就是当年张良演兵布阵的地方，绕村而行的千年古寨河默默地守护着这方水土。古寨河之上的企桥，相传当年张良在此遇黄石公，并得到兵书。黑石关西500米处，还有两个大土冢，名叫潘王冢，相传是北宋时期潘仁美、潘虎之墓。

扒村：瓷上水墨是灵魂

浅井镇扒村，古称东张镇，形成于元代以前，位于禹州市区西北20公里处，北有具茨山作为天然屏障，南有棋盘山遥相呼应。境内有一条扒村河，发源于北大鸿寨，沿麻地川和扒村蜿蜒而过。这里丰富的瓷土、林木、煤炭和水源，为扒村瓷的生产、加工、烧制提供了天然条件，正是

扒村民居

因为其独特的自然环境和人文气脉，才促进了扒村瓷这一独特瓷种的诞生和兴盛。民国《禹县志·山志》记载：“李宏信堡上旧有伯灵翁庙，陶人祀之。”元代张克己为伯灵翁庙碑撰写碑记：“所居之民皆以烧造瓷器为业，乃所谓凝土以为器者，其所由来之矣。是镇，金国末年最为繁盛，人稠物充，几有方室，市井骈阗，不减城邑。逮壬辰（1232年），兵烬已余，百不存一……”碑文记录了扒村瓷的前世和今生，2007年扒村窑址被国务院公布为第五批全国重点文物保护单位，2014年扒村被列为第六批河南省历史文化名村。

扒村瓷始于唐，盛于宋、金、元，以白地黑花瓷为主，兼烧制唐三彩、宋三彩、钧瓷。扒村同时也是冶铁重镇，置铁冶提举司。扒村窑址主要分布于扒村河两岸，居民多居扒村河西岸。村落选址三面环山，扒村河贯穿其间。整个村落呈东北—西南走向，现存东西、南北十字大街及南北巷四条，呈棋盘格局。村子中央，一条条古老街巷，一处处明清风格的老建筑，伴着古槐、老井，都在诉说着曾经的岁月。一个突起的渣堆，证明村子中央曾经是一个规模巨大的窑址群。村中最能证明扒村厚重历史的建筑，就是那个坐北朝南的藏金楼了。藏金楼是过去的钱庄，庭院里的石榴树足有上百年历史，许多部分已经腐朽枯烂，枝条顶部剩余的石榴几乎枯萎了，与藏金楼的青砖灰瓦、铁门石墩相得益彰。

此外，扒村定远寨东门外有扒村伯灵翁庙，西街有扒村观音堂。如果说瓷窑、煤矿、冶铁是当年扒村经济繁荣的见证，那么，融佛、道为一体的观音寺及东张书院则是对旧时繁荣的扒村文化最有力的诠释。

浅井村：曲径通幽藏古宅

浅井村，形成于明代，位于禹州北部具茨山南麓，东靠石婆山，北依朵耳山，南扶小金山，书堂河自北向南绕村而过。历史上是西通洛阳、登封，北连密县（今新密市），东接瓷业重镇扒村的重要枢纽，有着得天独厚的区位优势。至清嘉

浅井村古宅

浅井村古宅

庆、道光年间，置公义镇，与东张镇（今扒村）、白沙镇、清荥镇（今朱楼村新集），构成“四十五里斜店街”的宏大格局，成为当时禹州北部重要骡马集市和粮、棉等物资交流地。明嘉靖年间的《钧州志》记载：“浅井，在州西北五十里朵儿山，掘地七尺得水，余地深甚无水。”浅井由此而得名。

浅井村现保存有完整的明清民居建筑群，共14个院落，建筑面积8 000多平方米，房屋500多间，布局严谨，有两条东西大街，四条南北古巷。每个院落南北一字排开，前后通街，又有角门相连，讲究左右对称，是北方典型的三进四合院建筑，又因地就势，设角门、垂花门、后花园，兼有江南园林风格。

浅井古村落错落有致地分布着一幢幢青砖灰瓦、飞檐翘角的清代民居建筑，台基抬高，雕梁画栋，梁柱大多使用龙头龟尾格式，屋檐下梁臂上的挂落，房山上的柢头，所雕内容不一，以麒麟、虎、狮等猛兽居多，尤其以宋之淦宅院最为明显。除宋之淦宅院外，村内宋泰昌、宋之栋等宋氏宅院也很有特色。在浅井涌泉寨南寨门左首处，有一座三间大瓦房是宋家私塾，门两侧窗户棂子镂空雕刻有梅、兰、松、竹四君子图样，暗含宋氏先人对后代淡泊名利、忍字为先的期望。此外，2008年，宋聘三烈士旧居也被河南省人民政府公布为河南省重点文物保护单位。

考古探秘

——拂去许昌历史的尘封

许昌地下文物丰富多彩，地上古迹星罗棋布。全市现有国家级重点文物保护单位23处，省级文物保护单位53处。三级以上的馆藏文物有5 032件，其中一级文物13件，二级文物252件，1997年至1998年全市被河南博物院调走珍贵文物109件。此外还有一批数量庞大的有待发掘和保护的遗迹，仅在第三次全国文物普查中，就发现并登记了近2 813处不可移动文物点。

许昌的文物古迹呈现三大特点：一是新、旧石器时代遗址久远而完整。二是三国时期的遗迹众多而集中。三是明清时期的建筑精致而奇特，如洪山庙大殿、泰山庙大殿、逍遥观和玉皇阁等。

许昌的近现代遗址文物也非常丰富，如抗日将领陈德馨的藏书楼、宋聘三故居、见证中西文化交流的许昌信义医院旧址西式建筑群和纪念毛主席视察许昌的纪念馆等。

灵井遗址

——“许昌人”在这里发现

灵井遗址位于建安区灵井镇灵南村，面积约4.5万平方米。

该遗址1965年由我国著名的古人类学家周国兴偶然发现，中国社会科学院考古研究所曾于1959年、1968年、1982年三次派人实地考察，共采集石制品1 353件，其中有少量典型的细石器。2005年6月起，河南省文物考古研究所在此进行首次考古发掘。遗址地层总厚达10余米，分布面积近万平方米，旧石器、新石器等文化层都有分布，是国内不多见的较完整的地层剖面，可对此进行持续性研究。文化层深5.6~7.2米不等，分上、下文化层，共出土动物化石和石器3万余件。化石有中国硕鬣狗、古菱齿象、披毛犀、河套大角鹿、马鹿、原始牛、灵井轴鹿新种、许昌三叉角鹿新属、新种等18种。石器类型有细石器、石锤、石砧、石片、断块和工具等，原料主要为脉石英和燧石。此外还发现数百件人工制作的骨器。

2007年底，在建安区灵井镇灵井遗址发现了距今10万~8万年、被称为“许昌

发掘现场

【知识链接】 中国境内古人类年代

巫山人：200万年前

元谋人：170万年前

蓝田人：115万～65万年前

北京人：约70万～23万年前

金牛山人：约26万年前

许昌人：10万～8万年前

山顶洞人：18 000年前

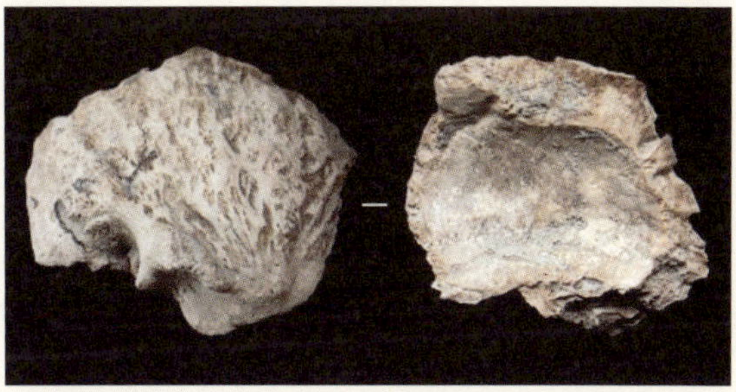

“许昌人”头盖骨化石

上文化层细石器

人”的古人类头盖骨化石。

灵井遗址位于许昌市区西北的建安区灵井镇西侧，是一处历史文化遗存十分深厚的旧石器时代遗址。灵井遗址堪称我国目前发现的遗址面积最大、文化内涵最丰富、科学研究价值最高的旧石器遗址之一。

• 具茨山岩画 •

——史前文化的符号

具茨山岩画位于河南省中部具茨山脉诸峰之上，横跨禹州、长葛、登封、新郑、新密等5个县（市），其中绝大部分在许昌境内。

具茨山文化遗迹遗存十分丰厚。初步统计古石城有10余座，岩画达3 700多幅，

具茨山

具茨山上的神秘天书

巨石文化遗迹也有1 000余处。大量岩画、巨石文化遗迹多在诸多古石城近处的山脊、沟壑阳坡岩石体、面，分布在大太白山（老山坪）、小太白山（油篓山）、走马岭、双嘴山、石纽山、大鸿寨山、不过崖、书堂山、棋盘山、九里山、荟翠山、铁山等十数座山头。古城址星罗棋布，石房基础举目皆是，古城墙轮廓明显，蜿蜒连绵，岩画、巨石文化遗迹随之广布其间。

具茨山岩画可分为具象、抽象两类。具象岩画稀少，表现具象的岩画是单线阴刻男、女性人像，重点夸张女性生殖器。抽象类岩画，较多为圆穴、方穴、网格、沟槽、线条、符号等，巨石文化遗迹分为石棚、石圈、石碑、石塔、独石等。岩画圜底穴磨制现象明显，以圆形出现的圆心圜底穴体大如梨，周围小穴如杏，规律、

具茨山岩画（部分）

规格一致，状如梅花。凹穴以带状出现的两行，满行六个为一组，行中圜底穴大小如樱桃、如杏，行间距匀称，中轴两端有些还有大如鹅蛋的圜底圆穴，其正东西、南北方向性排列明显。不但与禹州瓦店出土的大卜骨符号做法相似，还与《礼记·礼运》中“月，以月为量”、《尚书·舜典》中“协时，月正日周律度量”相一致；不仅与古人以天干、地支的应用数学计算方法蕴含有内在关联，还与古文献中“有夏易、有龟藏、有易经、三易详”及十二时辰、十二月、十二生肖、二十四节令、数学古法相印证。在具茨山，处于山顶、山腰或悬崖峭壁的重10余吨甚至达千吨的类似巨石文化遗迹数以千计，有的石块下存在人工支石，特别是大型的巨石群中，巨石之间有支石或小石块支撑，人为痕迹明显。

2009年1月、3月，有关部门先后两次召开具茨山岩画专家研讨会，来自中国科学院、中国社会科学院及河南省内外有关大学的历史学、考古学、岩画学、古文字学、地质学、古建筑学专家学者和河南省文物管理机构主要领导与会，对岩画的发现与研究概况进行研讨，对岩画的研究方法、年代、解读，给予理论与工作方向的科学诠释。专家一致认为，具茨山是一座具有丰富内涵、极大体量且极具特色的文化宝库，具茨山岩画的发现，填补了中原地区岩画、巨石文化遗迹分布与研究的空白，具有极高的历史、科学和艺术价值。

• 石固遗址 •

——叠压丰厚的文化层

石固遗址位于长葛市西南约12.5公里处的石固镇岗河村。遗址面积10万平方米，文化层厚1.5～3米。1972年被发现，1978年至1980年底河南省文物考古研究所曾进行发掘，发掘面积2 000平方米，发现房基7座，窖穴268个，墓葬95座，瓮棺葬12座，出土遗物600余件，包括裴李岗文化、仰韶文化、河南龙山文化、战国和汉代遗物。仰韶文化层叠压在裴李岗文化层之上。

裴李岗文化的主要器物：陶器有小喇叭口长颈斜肩双耳壶、小口平底或圆底双

石固遗址

石磨盘

耳壶、小喇叭口长折肩平底双耳壶、大口溜肩深腹平底双耳壶、大口双沿双耳壶、三足壶、三足钵、侈沿深腹夹砂罐、直口深腹蓖点纹罐和大口深腹平底角形把罐；石器有石磨盘、石磨棒和石铲等。所有陶器皆为红色或棕红色，壶类为泥质，罐类为砂质。经对裴李岗文化层采集的两个木炭标本测定，遗存年代为距今7 450±90年和7 010±85年。

仰韶文化主要遗物：陶器有尖唇敞口平底或圆底钵、白衣彩陶曲腹钵、圆唇宽卷沿圆底三足罐形鼎、釜形鼎、折腹鼎、鸭嘴形足罐形鼎、蒜头壶、圆沿深腹平底罐、矮颈宽肩鼓腹双耳平底罐、宽肩折沿小平底罐、高领罐、彩陶瓮、灰陶瓮、灰陶盆和宽沿弧腹彩陶盘等。质地有泥质和砂质两种。据两个木炭标本测定，遗存年代为距今5 845±110年和5 060±175年。

由于仰韶文化层叠压在裴李岗文化层之上，证明裴李岗文化早于仰韶文化，为探寻仰韶文化的渊源提供了资料。

• 瓦店遗址 •

——夏早期城址

瓦店遗址位于禹州市火龙镇瓦店村东部和西北部的台地上，1979年被发现。从20世纪80年代至今，河南省文物考古研究所、郑州大学、美国密苏里州大学等单位，先后在此进行了多次较大规模的考古调查与发掘。

瓦店遗址是中华文明溯源工程的重点研究对象之一。1983年，该遗址出土的器物标本，为当时学术界进行夏文化的探索和研究提供了重要的资料信息。1997年河南省文物考古研究所承担的夏商周断代工程——夏代年代学研究“早期夏文化研究”专题组，对瓦店遗址进行了为期两个月的考古发掘，取得了重要收获。瓦店遗址主要包含龙山文化早、中、晚期遗存，并以晚期遗存为主，文化层堆积厚度一般在2米，最厚处达4米，内涵丰富。历次发掘出土有陶鼎、罐、甑、斝、鬶、觚、瓮、刻槽盆、豆、圈足盘、罍、石刀、卜骨，以及玉鸟、玉璧、玉铲等，并发现有大量的房基、灰沟、奠基坑、窖穴等遗迹。其中陶酒器、玉器、大卜骨等，是目前河南境内最为精致的龙山文化时期代表性器物。夏商周断代工程丛书《禹州瓦店》一书考证认为，瓦店遗址是目前探讨早期夏文化的重要对象之一，在夏商周断代工程研究考证中意义重大。

2007年9月，经国家文物局批准，由北京大学考古文博学院和河南省文物考古研究所共同承担的中华文明探源工程（二）颍河中上游流域聚落群综合研究工作在禹州瓦店进行。考古工作者对瓦店遗址进行了全面考古调查、钻探，并在西北台地中部和东南台地南部进行考古发掘，发掘面积400平方米，取得了重要收获：（1）经调查勘探确定，瓦店遗址的分布面积达100万平方米，是原来45万平方米的两倍以上，这是龙山文化晚期全国最大的人类聚落之一；（2）在瓦店遗址西北区发现了两面相连的回壕，与北面、东面的颍河形成一个相对独立封闭的区域，面积约38万平方米；（3）在上述区域，发现了部分与南回壕平行的“回”字形大型建筑基址。

瓦店遗址

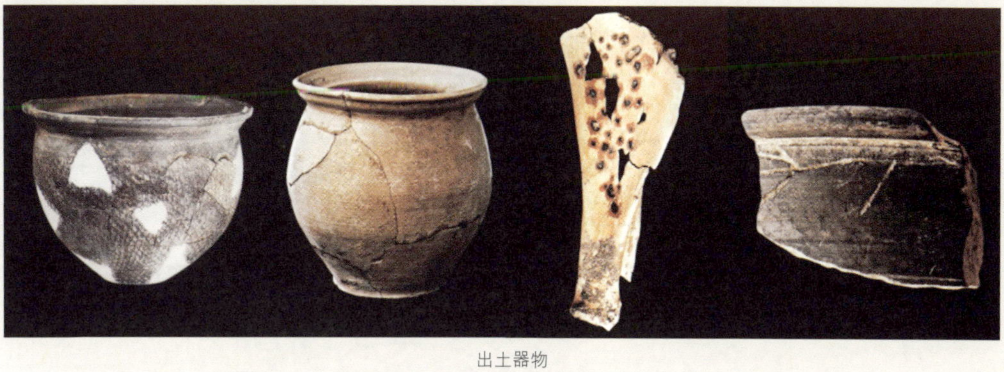
出土器物

瓦店遗址的重要发现，引起国家和省文物部门有关领导、专家的高度关注，专家们充分肯定了瓦店遗址考古发掘工作所取得的重要收获，一致认为它是2007年全国中华文明探源工程的两大亮点之一（另一处为浙江良渚遗址良渚大城的发掘）。瓦店遗址出土器物的规格、工艺水平等具有“王气”，它是一处非常重要的文化遗址。瓦店遗址规模大，规格高，它的保护和考古发掘，将对中华文明探源工程做出更大的贡献。

禹州瓦店遗址是目前发现的面积最大、出土器物最精美的夏早期城址。目前考古工作仍在进行。随着考古发掘、钻探及研究工作的继续深入，瓦店遗址将为禹州“华夏第一都”历史地位的确立提供有力佐证。

• 钧台钧窑遗址 •

——宋代御用官窑

钧台钧窑遗址位于禹州市城区东北部，总面积达38万多平方米。经考古发掘，遗址的地层堆积自上而下为：第一层堆积为明代文化层，土质稍灰，其中主要出土了明代青花瓷碗、盘残片，属钧台窑废弃之后的堆积，其厚度不均，一般为30～60厘米；第二层为宋代烧窑堆积层，厚度一般为50厘米左右，最厚者达2米，土色黄灰，土质松软，出土了大量瓷片、窑具，在各个不同的区域出土的品种不同，东区即钧瓷区，主要出土有葵花式、莲花式、海棠式、圆形、方形、六角形等各类花盆和盆奁片，釉色有天蓝、天青、月白、茄皮紫、海棠红等。

1973年至1974年经过对钧台钧窑的发掘，不仅发现有窑炉，还有制瓷作坊及堆积废品的灰坑等。窑炉在各个不同品种的生产区域均发现有不同类型的窑炉，其中钧窑6座，汝窑5座，天目瓷窑4座，白地黑花瓷窑1座。在钧窑区，1号窑、7号窑和8号窑的分布呈三窑鼎立状，三者之间有作坊相连，7号窑和8号窑东西排列，两座窑之间有一条通道相连接。在其通道两侧挖筑成不规则的土坎，清理出比较完整的4个，它们之间保留有土柱和墙壁，形成对称的小单元，有的还留有门槛，但未发现

钧台钧窑遗址 1 号双火膛窑

安装门的痕迹。墙高仅保留1米左右，上部早已塌毁。从现有墙基看，每个小单元应分别为钧瓷成型、修坯、上釉的工作间，小的面积为3～4平方米，大者为8～9平方米，各工作间配套衔接，一环套一环，形成了一整套比较合理的工艺流程。

在钧台钧窑遗址的发掘过程中，还发现灰坑28座，人多用于堆放陶瓷片和窑具残片，有的为单体，也有的相互打破、叠压，其形状一般为圆形和不规则的椭圆形。根据坑内出土物判断，唐代1座，北宋早期5座，北宋中期10座，北宋晚期9座，明代3座。钧台钧窑出土瓷器品种繁多，釉色多样，注重装饰，窑变美妙，其种类主要有钧瓷、汝瓷、影青瓷、天目瓷及其磁州窑系的白地黑花瓷等。北宋时期，钧台钧窑规模发展到38万平方米。由于钧瓷技术精湛，窑变美妙，釉色多变，红紫相映，备受宫廷赏识与偏爱。到北宋晚期钧台钧窑成为御用官窑，专为皇宫烧制盆景所需用的各类花盆，包括盆和盆托等美术陈设品。从此，钧瓷一跃成为全国的五大名瓷之一。北宋末年，战火频繁，钧台钧

央视网

钧瓷

钧台钧窑遗址（外部）

窑窑口也随之停烧废弃。

钧台钧窑为北宋时期全国五大名窑之一的钧官窑，其产品造型端庄、典雅，窑变美妙，釉色丰富。值得一提的是，钧瓷铜红釉的烧制成功乃我国劳动人民的伟大创造，为中国陶瓷史写下了光辉的篇章。钧台钧窑是一处综合性的窑场，既烧钧瓷，又烧汝瓷、影青瓷、天目瓷、白地黑花、宋三彩、宋加彩、剔釉、绞胎等众多品种。各类瓷艺的综合交流，对钧瓷的烧制工艺具有促进作用。钧台窑规模大，技术精良，具有重要的学术价值。

• 神垕钧窑遗址 •

——钧瓷演变发展的见证

神垕钧窑遗址位于禹州市神垕镇下白峪村和刘家钵村之间，由刘家门东、西窑址，河北地窑址，下白峪窑址组成。遗址面积7万多平方米，文化层厚达4米，文化遗存非常丰富。

1964年，故宫博物院曾进行过考古调查，指出神垕大刘山下刘家门窑址出土的钧瓷最精，时代最早。2001年10月～2002年1月，北京大学考古文博院和河南省文物考古研究所联合组队进行主动发掘，一共开探方和探沟29个，发掘面积650平方米，清理窑炉遗迹8座、石砌澄泥池3座、灶1座及窑前工作场所3处，出土了大量瓷器和窑具残片，总数10余万件，其中可复原器物数千件。神垕钧窑遗址下白峪瓷窑的时代为唐中晚期至元代，唐代主要产品为黑瓷和青瓷；河北地和刘家钵窑为北宋晚期至元代，主要器物有碗、盘、壶、洗、盆、香炉等，其中贴塑花口连座瓶、大香炉、梅瓶、四系瓶十分有特点。在河北地还清理

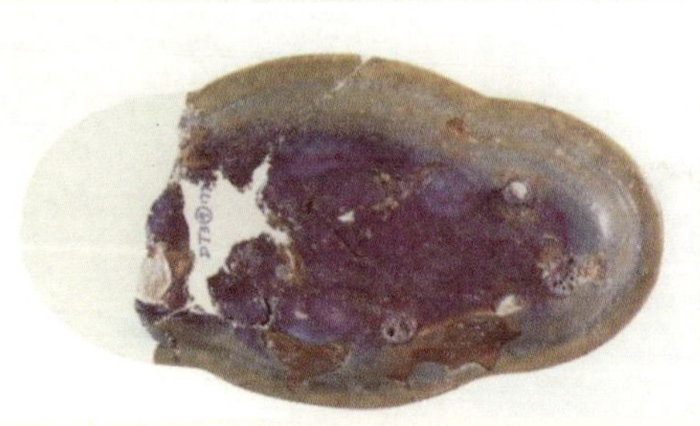

古钧瓷片

神垕钧窑遗址

出一座北宋晚期至金代的土洞式长方形分室式窑炉，其形制独特，既不同于北方常见的馒头窑，也不同于南方流行的龙窑，属首次发现。

神垕钧窑遗址的发掘对研究钧瓷的演变和发展具有重要意义，被评为2001年全国十大考古新发现之一。

• 寻找许都城 •

——探索地下的奥秘

许都城后人称汉魏故都。《三国志·魏书》中记载，东汉王朝第十三代皇帝——献帝刘协受曹操之迎“都许”，“许”就是这里。

关于许都故城遗址的准确方位，绝大多数人认为是在距今许昌市稍偏东南35华里的建安区张潘镇古城村旁，但也有少数人对此持有异议。为了澄清和解决历史质疑，1980年由中国社会科学院考古研究所研究员赵芝荃、徐景元，河南省文物考古研究所研究员曹桂岑、李京华，郑州大学历史系教授王兵翔及许昌博物馆的文物工作者组成专门的工作小组，多次到许都故城遗址进行考察。

他们首先查阅古文献核定古地理，确认许都故城遗址的准确方位。北魏郦道元《水经注》曰：“洧水出河南密县西南马领山……洧水东南流，南濮、北濮二水入焉……洧水又东南与龙渊水合，水出长社县西北，有故沟，上承洧水，水盛则通往龙渊，水减则律渠缀流……洧水又东南，分为二水。其枝水东北流庄沙，一水东径许昌县（今建安区），故许男国也，姜姓。四岳之后矣。《穆天子传》所谓天子见许男于洧上者也。汉章帝建初四年，封马光为侯国。《春秋佐助期》曰：汉以许失天下。及魏承汉历，遂改名许昌也。城内有景福殿基，魏明帝太和中造，准价八百余万。洧水又东，入汶仓城内，俗以是水为汶水，故有汶仓之名，非也，盖汶水之邸阁耳。洧水又东，径鄢陵县故城

董贵妃墓

南。”根据《水经注》的上述记载，又查阅《许昌县志·县四十保图》，经亲临实地反复调查核实之后，专家确认：今建安区张潘乡古城村旁世传为许都故城遗址东侧的一条古河床，即《水经注》中所说的洧水。

然后专家们又亲临实地调查，用出土文物同古文献对证，以确认许都故城遗址所在地。许都故城遗址位于今建安区张潘镇古城村东南，营王村东，城后董村和门道张村南，临颍县城南董村北。故城遗址上坐落着盆李和甄庄两个自然村，位于今许昌市城区稍偏东南35里。1933年《许昌县志》有关许都故城的记载云：“内城为周代许国都城原址，外城乃汉献帝都许时所扩建。”踏上遗址就可见故城地面至今仍普遍高出城外地面2米以上，平面近方形。因当地群众曾在此挖土建窑、打坯烧砖，致使故城东、西、南三面地上城垣已被全部夷为平地，现在只有北城垣还有一段蜿蜒起伏、清晰可辨的残存。专家们顺着城垣遗址进行步测，知其内城垣东西约长1 300米，南北约长1 500米。现存地上城垣，夯层厚度均为15厘米上下，用平夯夯筑而成，此乃东汉时普遍流行的夯筑方法。在该城西北城角处，他们发现群众挖毁的一段地下城垣，每层夯土厚仅有5厘米许，且均为木杵夯打的圆底馒头形小夯窝，夯窝直径多为0.7厘米、0.8厘米、1.1厘米，这些又是我国春秋时期和春秋之前夯筑城垣的典型特征。根据上述迹象并结合史书记载可知：这段地下城垣乃西周分封的许国国人所筑，而地上应是东汉建安年间献帝都许后在许国的旧城垣上附筑的

四神柱础

城垣。

在许都故城遗址中间，自北向南一路观察和采集，专家们在遗有破碎瓦砾和陶片较多的地方，从动土的沟边断面发现了面积较大的多层薄层夯土，这是室内的房基面。在房基面之上的土层之内，遗有外饰绳纹、内有麻点、胎骨较薄的战国残瓦片，还有制作规整、中间带有大乳钉的圆形厚胎的西汉残瓦当。最值得庆幸的是，专家们发现和采集了两块西周时所独有的带瓦钉的残板瓦。在此发现的陶器残片中，有宽边折缘直壁深腹盆、长柄浅盘陶豆等。在遗址上的甄庄村中，专家们发现了一个高104厘米、长50厘米、宽74厘米的起脊式五边形透空陶器。当地有些人一直把它当作神龛，先后将菩萨和火神像供奉于内，每逢初一、十五朝其顶礼膜拜。经过调查，方知这个五边形透空陶器是当地农民在两米多深的地下发现的，并一节一节地对接在一起相连延伸成行。他们从地下相继挖出了四五个这样的陶器，天长日久经自然风化和人为毁坏，现仅存其一。这一形状的陶器，同陕西先秦文化遗址出土的地下排水管道如出一辙，专家们从而确认这一陶器也是先秦之际许都故城地下的排水管道。另外，专家们还先后从当地群众手中得到了他们在遗址中拾到的铜矛、铜戈、带翼翅的铜箭头、铜爵、铜觚、铜鼎、铜布币、铜削刀、铜勺、残铜盘、舟形铜杯、铜铃、小铜泡、铜车辖、大型战国玉璧、盆形圈足陶簋和十几盘分节式直齿的红石质地小磨等西周和西汉之前的遗物。鉴于在许都故城遗址北部中间的区域之内集中出土了西周和西汉之前的遗物，且以兵器、礼器和生活用品居多，还有房基和室内地面遗迹，以及早期的大型建筑物和残瓦等，而这些又非平民之物，结合上述诸多古文献有关“许国都邑”位置的记载，专家们确定该故城遗址偏北的这块地方，就是西周武王分封文叔于“许”的宫城所在。

当专家们走进坐落在故城遗址偏南的盆李村时，正值村中修路，而铺垫路基用的材料却尽是汉代和三国之际的碎砖、瓦砾等。他们一路走，一路动手从中拣选能看出器形的陶片、带有文字和花纹的砖等。当时拾到的有模印陶文的陶片，残缺的骑射、双鱼和双龙等龙纹小砖，三角边饰云纹瓦当，一些残缺的石刻及其他建筑构件等。其中，“平原相……陈元方”残碑就是从这些铺垫路基的碎砖、瓦砾中拣出来的。陈纪，字元方，东汉晚期德高望重的文范先生陈寔之子、三国时魏国颍阴侯陈群之父。在与村干部和部分群众座谈之后得知，该村诸多村民家中，多存有从该遗址出土的文物。于是，专家们让村干部陪同，到存有文物的村民家中调查和鉴定。在鉴定过程中，几户村民家中存放的青石建筑构件引起了专家的注意。这些构件主要有：四神青石奠基石、龙虎纹青石方板、双龙食鱼并带有斗的青石栌斗、上面正中雕有卯槽的覆盆形青石柱础、雕有四神的青古柱础，以及雕琢各种图案、小兽的其他砖石建筑残件等。在这些建筑构件中，最为珍贵、最有价值的就是四神青石柱础，1990年由全国文物鉴定组鉴定后被定为国家一级文物，并于1997年调往河南博物院珍藏。再就是近百件的红石质地的斜齿小磨及石碾、石轮等，这些物件形体中心均有卯榫，其卯槽内还嵌有多角形

东汉瓦当

铁轴承。还有东汉独有的大型晕首青石碑额，其上有高浮雕技法镌刻的四只虎头。碑额正中有一小碑，其上镌刻铭文，因已残，现仅存“汉故新……尉郭君”六字。另有“万世千秋”和“千秋万岁”铭文瓦当、阳文“万岁”斜面建筑小砖，以及透空的方形、扁方形的陶质排水管道等。通过询问方知这些文物是当地群众在俗称的西城岭上挖出来的。

西城岭位于今盆李村西，同现存的毓秀台相对，在整个许都故城遗址的西南隅。专家们到西城岭上进行实地调查时，正值金秋季节，村民们一边收秋，一边耕地准备麦播。在地头和路边，到处都可看到当地群众从自己的责任田里拣出来的东汉、三国之际的碎砖和残瓦小片。专家用小铲在高出路面一米多的耕地断面刮去皮层，连接分层夯筑的室内房基便明晰地裸露出来。说来也巧，这时正有一家村民在自己承包的责任田里取出一个青石柱础。经询问，他们已经在此挖出了好几个这样的青石柱础。这些柱础均位于东西一条线上，次第排比间隔。专家们把方圆一米多的浮土清理干净后，平展的室内夯土平面立即展现在面前。在场的村民回忆说，数年前，他们在位于出现成排柱础的偏南

毓秀台

处，曾发现一个小空间，其两侧有两个对称式的方形小房砖基。出于好奇，他们顺砖挖土、取砖，发现自小房基前墙又各向东、西延伸一墙宽窄。之后，专家们到盆李南村的这两位村民家中，看他们挖出的古砖。这些古砖的形体卯榫均小于东汉早、中期的子母砖，而略大于两晋的花纹砖，正是东汉晚期和三国之际曹魏统治地区流行的模印在小砖一边侧面常见的纹饰小砖。结合史书的记载、出土诸多文物的例证和世代流传的传说等，专家认定这些古砖砌的门房和墙基，应是汉魏许都宫廷的配套建筑遗迹。

在西城岭上出土文物尤多，且具有鲜明的汉魏风格和特征，如仅东汉晚期和三国之际所特有的边饰三角锯齿纹间饰云纹的瓦当，以及集中出现、形体庞大且雕刻精美的诸多青石建筑物构件。特别是石质栌斗，其下必须使用与其相当的石质柱子，方可为正比承载。这些雕刻精美的大型石质建筑构件，在当时绝非一般房屋所能使用。这里曾经出土的铜鉴、熨斗、斗、铜熏炉、铜药罐、铜蜡台、铜量、铜鸽拐杖握手、铜马衔、铜镜、铜铃、用做战争障碍的三尖式铜蒺藜、铜刀、铜车饰、铜耳环、铜洗、铜带钩、铜壶、批量五铢铜钱和龟纽、鼻纽、鸵纽的小方形铜印、玉印，以及玉镇、玉璜、玉蝉、玉佩、玉几残片、玛瑙饰等，也非庶民所用之物。结合唐代李吉甫《元和郡县志》关于“景福殿基址今在许昌故城内西南隅”的记载，同出土这些珍贵文物的方位和用途相互印证，足以说明这里即是当年汉魏许都故城的宫殿所在地。

• 明藩周定王陵 •

——阔比皇陵的墓穴

周定王陵位于禹州市无梁镇境内，陵区所在山的主峰老山坪，又称太白山，属具茨山脉。

周定王朱橚是明太祖朱元璋第五子，朱橚封藩于古都开封，被封为周王，谥号“定”，因此，其墓穴被称为周定王陵。

站在太白岭上远望，东南方向是广袤无垠的豫东平原，左右两侧，山冈逶迤起伏，犹如大鹏展翅，右侧是山巅，人称“太虎石”。山上有各具特色的龙磨、公鸡嘴、母鸡嘴、龙炸窝、玉皇洗脸池、虎歇洞、太虎石、古槐树、山泉树、月弯水库等自然景观。由于龙虎山的地形、地势非常符合中国传统的“枕山面屏，气聚风藏”的风水理论，是一处难得的风水宝地，故此，明代藩王周定王选此地建其墓及其妃子墓。

周定王陵位于老官山东麓一个缓坡上，坐西向东，是由砖、石拱筑而成的规模宏大、建筑雄伟的地下宫殿建筑群，建筑时间长达14年。因为朱橚一生没有实现称帝的愿望，晚年决心要建一个比皇帝陵

妃子墓（内部）

墓还要大的墓穴，所以，其墓室建筑气势恢宏，建筑面积达到1 970平方米，比北京定陵还要大。整个地宫由墓道、墓门、甬道及前、后、中、左、右五组砖、石拱券殿堂组成，停放周定王灵柩的正殿是地宫的主体部分，由前殿上升八级台阶进入殿内，棺床已为早年盗洞流土所覆盖。棺床后有一龛室，大殿后壁并排有四条王妃洞，门额上有富丽堂皇的屋檐装饰。值得一提的是，此殿内的青石门光滑庞大，宽1.6米，厚0.2米，高3.17米，现在基本保存完好。

在周定王地宫前方，还有一个周定王的妃子陪葬墓，此墓更是建筑艺术上的精品，用砖、石拱券成，环廊形穹隆顶洞，在“环”的外壁修建17个距离相等的单体墓室和一个与这些墓形状一样的墓门。整个建筑风格独具匠心，是国内迄今发现的独一无二的环形墓冢。

周定王陵

明藩徽王家族墓

——一抔黄土徽王墓

藩王是中国封建时代拥有封地或封国的世袭亲王。藩王都有自己的封号，就藩于禹州的藩王封号是徽，徽王府在现在禹州县城的长春观街一带。徽王家族共四世，埋在鸠山的有两位，分别是第一代徽王朱见沛和第二代徽王朱祐枱。

第一代徽王朱见沛是明英宗的第九个儿子，在明宪宗成化二年（1466）被封为徽王。朱见沛在位40年，除了在王府内的承奉司私设官吏，被宪宗皇帝警告过一次外，倒是没干过什么出格的事，死后，被赐谥“庄”，史称徽庄王。

徽庄王朱见沛死后，庶长子朱祐枱继承爵位，成为第二代徽王。朱祐枱继任之后，做了一件造福当时禹州人的好事——重修了禹州城墙。重修之前，禹州的土城墙已四五十年没有修整过，经过风吹雨淋，日渐残缺倾颓。禹州籍的吏部尚书马

徽王墓墓门遗址

文升和阁老刘宇都曾经提议修整一下，但皆无结果。正德三年（1508），徽王朱祐枱以亲王名义上书正德皇帝，请求批准整修禹州城。他的请求得到了准许，时任知州李邦彦主持整修了坚固的砖石城墙。工程刚完工，当时的悍匪赵疯子的部队就来了。因城墙坚固，赵疯子攻了8天，却无法破城，最后悻悻而去，满城人因此得救。朱祐枱死后，被赐谥“简”，史称徽简王。

徽庄王和徽简王的墓位于鸠山镇魏井村的一片麦地里。简王墓已无地面遗迹可寻，庄王墓尚存门阙三孔，门阙旁边有一个巨大的碎砖瓦堆。三孔门阙能够保存下来，很大程度上是因为它是个豆腐渣工程，里面没一块整砖，拆了它，一点儿用处也没有。

胜景掠影

——许昌四季迎宾朋

许昌旅游资源丰富独特，主要有三国曹魏文化、生态花卉文化和陶艺钧瓷文化，围绕资源特点，许昌形成了旅游的三大品牌。

曹魏故都——智慧之旅。许昌有三国文化旅游景区多处，曹丞相府作为全国唯一的曹魏文化主题景区，全面展示了“汉风魏韵、梦幻相府”的独特魅力，带给游人亦梦亦真的新鲜体验。

宜居花城——休闲之旅。许昌花卉苗木面积已达90多万亩，形成了全国罕见的平原林海、天然氧吧。

神垕古镇——体验之旅。神垕古镇是中国钧瓷的原产地和发源地。古镇中明清古街、民居、窑址保存完好，现有钧窑近百家，被誉为“中国唯一活着的古镇”。位于禹州市区的钧官窑址博物馆是展示钧瓷文化和钧瓷发展历史的专题博物馆。

• 鄢陵国家花木博览园 •

——万紫千红争奇艳

鄢陵国家花木博览园位于许昌市区东18公里的鄢陵县新城区，现为国家AAAA级旅游景区，全国农业旅游示范点，于2003年被国家林业局授予“鄢陵国家花木博览园”称号。由北京园林学院按照“以人为本、生态优先、物种多样、持续发展”的设计理念进行规划设计，设有博览会、蜡梅文化、名优花木、热带植物、竹类植物、休闲度假、儿童乐园、生态科普、针叶植物等系列景观展示区域，具备花木展示、市场交易、生态旅游、科普开发等综合功能。

园内建有大型博览会展中心，可容纳400多个展位，能够最大限度地满足参展商对展位的需求，并可承办各种大中型花市花会、商品展示活动，同时具有游客服务中心、接待中心、现代化智能温室等建筑场馆区。自2002年以来，鄢陵国家花木博览园已成功举办了15届中原花木园艺交易博览会、鄢陵生态旅游节，累计接待中外游客达2 000万人次，取得显著的经济效益和社会效益。

鄢陵花卉栽培历史悠久，素有“花乡”“花都”“花县”之美称，享有“鄢陵蜡梅冠天下”的盛誉，是我国最大的花木生产销售集散地。花博园内，四时如春，春季万物争荣，百花竞放，白的如玉的玉兰，粉的如霞的芍药，红的似火的牡

鄢陵国家花木博览园

鄢陵国家花木博览园

丹竞相吐艳，整个园区粉香阵阵，蜂蝶乱舞，一派生机勃勃的景象；夏季绿荫蔽日，各色野花开得正艳，红的，紫的，粉的，黄的，像绣在一块绿色大地毯上的灿烂斑点，接天莲叶无边无际，鱼戏其间，给炎炎夏日增添无限的凉意；秋季满眼金色，飞叶流丹，秋菊傲霜，香飘四野；冬季银装素裹，松柏迎风而立，蜡梅吐蕊，又是一番别样的风情。在这里，游人可远离城市的喧嚣，尽赏平原森林的颜容，感受天然氧吧的舒心，尽享旷野的清新。这里是游人邀朋聚友、举家畅游、业务洽谈的理想胜地，休闲度假的温馨家园，陶冶情操、感悟人生的世外桃源。

花博园是鄢陵花卉发展的结晶、历史文化的浓缩和花卉成就的汇集。除了自然风景之外，花博园的建设也别具匠心，其将自然风景与人文景观完美地结合了起来。甘罗桥上，秦上卿甘罗12岁做宰相；洗耳河畔，高士许由不图名利洗耳除去污染；安陵渡旁，唐雎不辱使命护国安邦；饮马湖边，曹操望梅止渴的故事广为传扬；问梅山巅，忠贞不渝烈女化身蜡梅再现。现代建筑会展中心巍巍壮观，巧夺天工。楼榭、平湖、小岛、亭台相映相连，古榕参天，独木成林，广场花灯亮丽璀璨。花卉园内，千花万卉，琳琅满目，美不胜收，使人流连忘返。游乐园内，各种设施设计精巧，动感刺激，扣人心弦。完善的设施、人文景观与历史典故的完美结合，200多个景点的合理点缀，构成了一幅如诗、如画、如梦、如幻的美丽画卷。

如果你来许昌，不能不来绿色的鄢陵；如果你来鄢陵，不能不走进这千姿百态的花博园！让我们走进鄢陵，走进花博园，让这里满目的绿、万紫千红的花带你感受丰美清新的自然，提升我们的生活品质，引领生活和时代的潮流！

• 禹州大鸿寨 •

——许昌的“屋脊”

禹州大鸿寨位于禹州市西40公里的伏牛山区，景区面积36平方公里，是国家AAAA级旅游景区。主峰大鸿寨海拔1 156米，号称“许昌屋脊”，因相传黄帝重臣大鸿氏在此筑寨安民而得名。景区以涌泉河流为界，自然分成南北两大区域。驻足山巅，俯视远眺，万壑纵横，群山拱围，峰峦叠翠，气象万千。

景区自然景观与人文景观有机组合。自然景观主要有摘星楼、水帘洞、闯王峡、过风口、一线天、坷垃垛、卧佛山、蜘蛛山、犁辕山、兰花山、玛瑙山、千年银杏树等。人文景观主要有古墓葬五处，古瓷窑遗址十多处，古建筑七处（楚氏祠堂、佛爷庙、天王寨等），石窟一处（玲珑山石窟），近、现代革命史迹五处（抗日民主县政府旧址、豫西抗日先遣队第四支队司令部和战地医院、英雄山红专大学

大鸿寨古寨遗址

大鸿寨的传说

龙泉寺

遗址、英雄山治理荒山典范区、许昌专署遗址）等。景区内清泉、小溪随处可见，堤坝水库似明镜点缀其间，自西向东，有山腰中的鸣咚泉、老姜树覆盖的陈窖泉、石灰岩夹缝中的海眼泉，还有悬崖下的白龙泉。这些泉和溪，还有金盆水库、吴河水库、石门水库等，一年四季水量充盈，水质清澈，鱼虾浅游。景区内有奇特的大溶洞，长1 200米，洞内可见石钟乳、石笋、石幔、石帘等典型的溶岩景观，真乃天造地设、神秘莫测，被誉为“江北第一洞”。

大鸿寨

大鸿寨景区集山、水、涧、林为一体，其优美而丰富的旅游环境，符合人们回归自然的心理需求，是少有的自然生态旅游区之一。

一花一世界，一木一浮生，大自然中万事万物皆有灵性。一脚踏三界，满眼红树林，卧佛山卧佛，摘星楼摘星，大鸿寨的奇异风光中总是似有灵光乍现，其实灵光中折射出来的仍是凡人的智慧。

• 花都温泉度假村 •

——温泉水润洗凝脂

花都温泉度假区位于素有“花都”之称的鄢陵县陈化店镇，地处50万亩花卉林海的中心地带，按照国际四星级度假区和国家AAAA级景区标准建造，是一个集温泉养生、休闲度假、餐饮、会议、赏花观光等于一体的多元化大型综合度假区。

花都温泉镶嵌在林海花园之中，空气清新，负离子浓度数倍于城市，是一座天然大氧吧。这里浓缩了中国古典的园林艺术，亭台楼阁、小桥流水、湖光山石、薄雾袅袅，既突出自然生态的主题，又注入中原文化、三国文化的元素。走进它，就像走进了一个人与花、人与水交融的泉都世界，物我交融，天人合一。

温泉井深1 500米，出水温度63摄氏度，富含36种有益于人体的矿物质微量元素，均超过天然矿泉水质的国际标准。据专家检测论证，长期饮用和沐浴，具有软化血管、降低血压、调节神经等功效，还可预防心脑血管、骨关节及神经功能等方面的多种疾病。以之泡茶，汤浓稠密，香气浓郁，饮之具有清凉、止渴、利尿、消疲、提神、美容、消脂去腻、清心怡神、祛病延年之功效。

度假村利用天然优质矿泉水建造了星座池、生肖池、五行池等80余座风格各异的室外园林式汤池和室内中庭式汤池，开发了名花汤、名酒汤、名木汤、香薰汤，以及牛奶浴、中药浴、矿砂浴、石板浴、盐浴、泥浴、天体浴等适合各类客人的SPA水疗设施。其功效奇妙，智能化电子导浴屏使客人轻松找到适合自己的汤池，各类温泉池点缀在花草丛中，人泡温泉，万花摇曳，花似泉涌，泉如花香。

花都温泉

整个温泉区共有103个汤池。御泉池是室外汤池中最大的，水深1.3米。御泉池的形状源于三国时期魏国鼎盛时的版图，目的是让游客在闭目休憩、体验温泉养生文化的同时，还能缅怀古人、感悟历史。既有游玩的舒适感，又不失文化的厚重感。紧邻御泉池的是造浪池和儿童池。造浪池采用目前国际上先进的BMW全套造浪设备，1.2米的巨浪如排山倒海、翻涌奔腾，透过飞溅的浪花，观看瀑布台上的民俗风情演出，又是一番别样的风味，让人回味，令人留恋……儿童戏水池以变化多端的造型及高低层次的搭配，配合水滑梯、水蘑菇、水刺猬等多种水上儿童玩具，并取曹冲称象典故再现当时情景，让孩子在嬉戏之时了解三国历史。御泉池后面是神泉湖。该湖占地面积约4万平方米，碧波荡漾，游鱼成群，鸳鸯戏水。如有兴趣的话，邀三五知己，坐于茶舟、酒舟之上，畅谈人生，那真是对酒当歌，人生几何，何等惬意，何等悠闲。花都温泉内的南十二星座汤池，引用了西方十二星座中的白羊座、巨蟹座、双鱼座、狮子座、双子座、金牛座等来命名汤池。在这里，所有的客人都能找到自己的星座汤池，通过池边的星座物语，还可进一步了解各个星座的主管星、幸运号码、幸运宝石、幸运花、吉祥数、吉祥颜色等，新奇有趣，充满时尚气息。

走进花都温泉，就像走进一个人与花、人与水交融的世界。人工天鹅湖碧波

花都温泉

御泉池

荡漾，游鱼成群，野鸭戏水；冲浪池波涛拍岸，浪花飞溅，各种戏水玩具构造奇妙；华佗百草园、奇花异卉园、蜡梅园等，四季姹紫嫣红，万花摇曳，争奇斗艳；茶酒楼里各种风味名菜、民间小吃任你品尝；青梅煮酒，对酒当歌，逍遥自在。一个融水文化、花文化、茶文化、酒文化、温泉文化为一体，把森林浴、花卉浴、温泉浴巧妙自然结合起来的度假区，使人进入物我交融、天人合一的境界，是花丛中的香格里拉、林海中的仙境。

• 钧官窑址博物馆 •

——宋官窑实物见证

钧官窑址博物馆为国家AAAA级景区，位于河南省禹州钧官窑路北段，占地47 000平方米，是在许昌最早的全国重点文物保护单位宋钧官窑遗址基础上扩建而成的，再现了北宋皇家钧窑的建筑风貌。

宋钧官窑始建于宋徽宗时期，原是专为皇家烧造宫廷用品的官办窑场，历史上曾是钧瓷艺术鼎盛时期的瑰丽宝库，迄今已有900多年的历史。该遗址1964年被考古工作者发现，1973年～1974年对该遗址进行发掘保护，1988年被国务院公布为全国重点文物保护单位，总面积30多万平方米。1974年，河南省文物工作队在重点发掘该遗址时，发现了构造奇特、保存完整的

钧官窑址博物馆全景

北宋钧官窑遗址，即现存供观赏的一号窑双火膛窑炉（北保护房内）和七号窑倒焰窑炉（西保护房内）。这一发现震惊陶瓷界。

为了有效保护和合理利用这一重要文物，国家在此处建立了宋钧官窑遗址博物馆。该馆内的大型仿真沙盘再现了宋代皇家窑场的整个生产流程。一号窑双火膛窑炉与七号窑倒焰窑炉的模型，充分说明当时窑工的高超技艺。博物馆展示的自唐以来各个时期的钧瓷图片、实物和文字资料，详细地介绍了钧瓷的发展历程。

博物馆还增设了现代钧瓷展，包括钧瓷作品展、陶艺教育中心和现代生产工艺展。馆内设有现代钧瓷展厅6个，总面积800多平方米，展出钧瓷艺术作品万余件，主要展出禹州钧瓷研究所1991年以来创制的钧瓷珍品、工艺佳品。陶艺教育中心向游人提供手工制作陶艺的场地、工具，有专业技术人员讲解陶艺制作基本工艺和方法，指导游客制作。根据游客的要求，陶艺制作中心可以为其烧制自己创作的陶艺作品。现代钧瓷生产工艺展主要向游人展示钧瓷从选料、成型、施釉到烧成整个生产流程和制作工艺，让游人更直观地认识和了解现代钧瓷作品的烧制过程及钧瓷珍品的来之不易。

此外，博物馆还设有陶艺广场和吴道子书画院。陶艺广场占地面积5 000余平方米，广场上各种陶艺雕塑星罗棋布，大型石雕、各种奇石错落有致。吴道子书画院长年举办书画作品展，展出国内外著名书画家的艺术精品。

• 鄢陵五彩大地 •

——鲜花铺成的地毯

鄢陵五彩大地观光休闲旅游区位于鄢陵名优花木园区西北部的万亩花卉核心区，紧临以花为名的花溪大道、花海大道，交通便利。五彩大地观光休闲旅游区是以田园花海观光、婚庆礼仪基地、写生影视拍摄、花卉农耕文化展示为核心内容的特色旅游项目，也是集休闲、观光、娱乐、养生度假、特色餐饮为一体的综合型旅游项目。

鄢陵五彩大地观光休闲旅游区2015年10月规划，占地5 000亩，分两期建设。其中一期占地2 000亩，景观布局主要以大地花田、休闲景观节点、花卉农耕文化展示为主。其中，有薰衣草60万株、格桑花300万株、福禄考500万株和美国矮大头向日葵50万株，每个花卉品种为150亩至500亩的种植规模，给游客带来强大的视觉冲击力。同时，还种植有火焰南天竹、芹叶牡丹、美人蕉、波斯菊等数十个花卉品种。花期从4月延伸至10月，8月、9月全园百花盛开，10月之后，陆续替换花卉，让冬季也不缺少美景。在生态景观水系两侧，

五彩大地

五彩大地

自然的驳岸设计，穿插种植含香蒲、旱伞草、荷花、水生鸢尾等各类观花、观草类植物。两岸种植广玉兰、月桂、五角枫、日本晚樱、西府海棠、紫薇、红梅等乔木4 500株。

项目二期主要规划的是花卉休闲商业街区、特色购物街区、特色小吃街区、房车营地、大型休闲游乐、精品茶社、马术体验等游客参与性强的休闲娱乐项目。二期整体建筑设计以古朴典雅、生态原始的风格为主，突出展示鄢陵特色文化内涵。

五彩大地观光休闲旅游度假区已于2016年9月28日开园迎宾，该项目全部建成后，年接待游客预计超过500万人次，实现旅游综合收入8亿元。

• 曹丞相府 •

——文韬武略藏帷幄

曹丞相府位于许昌市区衙前街，整个景区由曹丞相府、魏武帝游园、周边旅游商业区等组成，是国家AAA级景区。

曹丞相府是东汉末年杰出的政治家、军事家、文学家曹操的府邸，当年曹操经常在此处理军国大事。曹丞相府主要由府衙、东西望楼、迎贤堂、议事厅、赋诗楼、围廊、相府花园、藏兵洞等标志性建筑群构成。迎贤堂集中展现了曹操的唯才是举和惜才爱才。议事厅是曹操处理军国大事的地方，著名的官渡之战和赤壁之战就是在这里运筹谋划的，曹操也是在这里发展壮大了他的曹魏集团，并终成霸业。赋诗楼是曹丞相府的最高建筑，相传曹操经常在此和著名的“建安七子”及当时的才子、文豪作诗赋词，造就了著名的“建安文学”，留下了千古绝句。现在当人们走进曹丞相府，所看到的场景是：“求贤堂”内，一纸求贤令体现了曹操识人、用人的宽阔胸襟；“议事厅”内，热烈的群臣议事场面，活灵活现地展示出曹操运筹帷幄、决胜千里的气魄；“赋诗楼”上，

曹操雕像

曹子建七步成诗

《七步诗》《八美献艺》让游客在互动中感受汉魏风韵的脉搏。

魏武帝游园位于曹丞相府西侧，由照壁、牌坊等标志性建筑组成，广场中央矗立的是曹操的巨型雕像。这座大型室外曹操雕像，高6.95米，基座1.5米高，取“魏武挥鞭，东临碣石有遗篇”的意境。

曹丞相府作为目前国内唯一一个突出表现三国曹魏文化特色的大型人文旅游景区，是许昌旅游文化的一大亮点。

曹丞相府议事厅

【知识链接】

许昌相府说

赵献东

许昌有相府，乃汉丞相曹公孟德之官署也。崇楼岩岩，翠柏苍苍。重檐歇山，飞阁流丹。是为三国故地之名胜，曹公精神之殿堂。

自古中原多奇士，然观曹公平生之风节，实乃奇士中之奇士也。汉末世乱，天子蒙尘，公情系天下，忧国忧民，首唱义师，会于孟津。辅汉室以从民望，著大顺之节；秉至公以服群雄，展大略之才。迎帝都许，奉天子以令不臣，解大汉社稷将倾之危难；许下屯田，修耕植以蓄军资，创千古治国固本之法式；三令求贤，纳英才以成伟业，採良规以开盛世；横槊赋诗，青青子衿悠我心，东临碣石观沧海。魏武挥鞭，平乱安民，许都之昌，由斯以肇。

夫智者之虑，虑于未形；达者所规，规于未兆。故动干戈以济世，乱世之权也；肆勤力于农耕，治世之衡也；而安国之术，本在于足食强兵。公以宰辅之重，智深虑周，顾恩念责，文武并用，竭节投命，所谓非常之人，遂能克定天下，建德和人，风化海内，永世流声。

曹操，超世之杰，真英雄也。斯人已去，旧府犹存。睹物思人，故为此说。

（原载于2015年12月20日《大公报》）

•春秋楼文庙•

——忠义千秋大节亭

春秋楼文庙景区位于许昌市中心的文庙前街，春秋园林广场北侧，是国家AAA级景区。

东汉建安五年（200），曹操东征刘备，下邳之战俘获关羽及刘备的甘、糜二位夫人。关羽跟曹操约定了三件事，若曹操答应，关羽就投降；不然，宁死不降。一者，只降汉室，不降曹操；二者，二嫂处请给皇叔俸禄养赡，一应上下人等，皆不许到门；三者，但知刘皇叔去向，不管千里万里，便当辞去。“土山三约”之后，关羽暂且归附曹操，来到许昌。曹操宠才爱将，待之甚厚，遂拜关羽为偏将军，并赐府宅一处，让关羽和二位皇嫂同住。关羽为避嫌，遂将一宅分为两院，让二位皇嫂住内院，自己住外院。院中有一楼，关羽常在此秉烛达旦夜读《春秋》，春秋楼由此而得名。

春秋楼又名大节亭，始建于元延祐元年（1314），历经重修，明、清时期形成“两院英风”格局。其多数建筑早毁，现存照壁、山门、春秋楼等古建筑。照壁系青石雕刻，被拆后石构件大部分尚存，后修复于文庙内，高5米，宽7米，壁面正中浮雕麒麟祥瑞图。山门南向，面阔三间12.5米，进深两间8米。单檐歇山式，顶覆绿釉琉璃瓦，檐下施五踩重昂斗拱，属明代建筑。春秋楼南向，面阔五间，进深三间，重檐歇山式，绿琉璃瓦覆顶，一层檐下为三踩单昂，二层檐下为五踩重昂斗拱。有回廊，周立檐柱14根，内立金柱8根，明间前后辟门，清代建筑。楼前立有明代“汉关公辞曹归刘记”等碑刻。

春秋楼

文庙位于春秋楼西侧，与春秋楼一墙之隔，相映生辉，体现了人们对文、武两位圣人的尊敬。人们来到这里，既可以祭孔子，又可以拜关公，一举两得。

如今，春秋楼文庙景区已成为海内外游客游览、观光、朝拜文圣和武圣的胜地。

文庙

鲁班显灵建楼阁

【知识链接】

春秋楼记

赵献东

许昌者，古许由牧耕之地，夏禹发起之所，曹魏基昌于斯，历五千年文明之风尘，经十数代王朝更迭之枯荣，三国之故里，中原之名城。

城内有楼，创建自元至元年（1271）间，被刀光兵火、雨雪风霜之余，规模恢宏，建制俨然；重檐歇山，廊轩昂然，名曰“春秋楼”。《春秋》者，孔子之草创，五经之尊也，以一字褒贬为万世法，为历代硕学鸿儒所推重，三传之作，莫不法其体式，扬其洪波。楼以《春秋》为名，非有圣人之质与夫圣人之目者，则与其不相及也，楼之尊可知。

然则，是楼非浮泛之命名，乃缘于关羽夜读《春秋》之雅故，非后代向壁虚构者所可比拟也。当是时，曹氏虎踞于许，图霸谋业；群雄环伺眈眈，连横合纵。周公吐哺，群星拱卫北辰；契阔谈宴，云长感念旧恩；秉烛达旦，昭彰礼信忠义。原其立意，实亦本乎圣心，文成武德，凝于春秋一楼。故非深知圣心者，无以得是楼之精神本体也。

大哉乾元，复关帝之故宅；两院英风，列许州之十景；明清敷荣，致礼隆于往代；今日神州，香祭逾于先哲。春秋楼内，帝子伟岸，正襟危坐，美髯飘拂，书卷流香。满室生辉，耀剑蜡之烛光；丹青写意，创竹诗之妙图；勒马挺风，飞吴子之画笔；碧殿巍峨，著成甄之诗章。诚所谓义不负心，忠不顾死，万人之敌，为世虎臣者也。结义坊内，三义阁中，君子亭畔，两院之间，心如明镜，千古昭然，彪炳日月，实旷代之休美，人神之同爱者也。

予生也晚，身为许人，每怀长想，慕其圣德。月白风清之夜，徜徉一宅两院；殿宇清虚之晨，徘徊双重回廊。沐浴乾坤之正气，仰望日月之精忠，追怀满腔之义勇，神交万代之英雄。爰作斯记，以志许昌之名胜佳话，以表关帝仁义忠信智勇之大美。往者悠悠，来者茫茫。斯楼永屹，斯美无疆。

（原载于2014年1月3日《光明日报》）

· 灞陵桥 ·

——关公挑袍传千古

灞陵桥景区位于许昌市区西南部，是以三国古迹灞陵桥为依托，以许昌关帝庙为主体修复辟建的，属国家AAA级景区。古运河贯穿其中，两岸垂柳依依，灞桥飞架，如长虹卧波，水禽相戏，野趣天成。河东为园林式仿汉建筑青梅园和秋湖垂钓村，河西有清代建筑群关帝庙及新辟建的桃园，形成桥、庙、园三位一体的文物景区。

东汉建安五年（200）下邳之战后，关

灞陵桥景区

羽与曹操“土山三约”后归降。虽然曹操对关羽“礼之甚厚”，但关羽始终不忘旧主，在得知刘备消息后挂印封金，保护二位皇嫂千里寻兄。关羽行至灞陵桥时，曹操率群僚前来赠袍饯行，关羽疑其有诈，立马桥头，以刀挑袍，辞曹西行，开始了千里单骑、过关斩将的千古壮举，灞陵桥因此闻名于世。后人推崇关羽“忠、义、仁、勇”的品格，遂在桥西建关帝庙设像以祀。

灞陵桥（又名八里桥），横卧石梁河上，是以1991年南阳新野出土的汉画像砖“泗水捞鼎”画面为依据，在原址上重新修建的仿汉桥，长121米。桥东新塑关羽挑袍巨大雕像，令人望而起敬；旁竖“汉关帝挑袍处”古碑，为明代总兵左良玉墨迹；桥西是一片古色古香的建筑群落——关帝庙。关帝庙创建于清康熙二十八年（1689），据庙内现存康熙二十八年《创建关帝行宫挑袍碑记》记载，关羽的忠义人格受到了历代的加封崇祀。许昌是关羽当年秉烛夜读、挂印封金、辞曹归刘、灞陵挑袍之地，独于此未建行宫，缺少祀

关帝庙

关帝庙全景

典。于是奉直大夫、许州知州甘文炳倡导，八方捐资，绅士王弘道捐地29亩，于灞陵桥右侧建成关帝庙行宫，后称关帝庙。

关帝庙自创建以来，经历了几次大的扩建和修葺，其占地面积已由最初的29亩扩展到了50余亩。现存的关帝庙坐北朝南，主体建筑居中院，中轴线上有青石小桥（御桥）、山门、仪门、拜殿、大殿、春秋阁，自前至后三进院九殿一阁。仪门前东、西两侧钟楼和鼓楼对称而立。大殿和春秋阁前两侧分别设有东西配殿、东西厢房，拜殿前立清康熙二十八年创立的《创建关帝行宫挑袍碑记》碑、康熙六十一年创立的《创建八里桥关帝庙记》碑、雍正十年（1732）创立的《许州八里桥重修关圣帝君庙碑记》碑、乾隆五十一年（1786）《重修八里桥关圣帝庙·增建文昌帝君阁记》碑四通。1993年扩建画廊130米，编绘了关帝圣迹图46幅。同年在关帝庙东新辟桃园，建有结义亭、三英殿。2001年～2002年在春秋阁后新建了碑廊。整体建筑布局严谨完整，精巧别致，庄重典雅。

【知识链接】

灞陵桥颂

赵献东

灞陵桥，横卧许昌城西石梁河上。桥头竖“汉关帝挑袍处”古碑，乃明代总兵左良玉手书；桥上立关公石像，长髯横刀，勒马挑袍；桥下清水涟涟，两岸杨柳依依。丙申三月，偕友人故地重游，见河水悠悠，叹世事沧桑，遂为《灞陵桥颂》。其辞曰：

天地玄黄，宇宙洪荒；夏商周秦，载记许昌。逮至汉末，皇权衰落；道义沉塞，生民苦多。北方曹公，迎帝都许；屯田固本，炎汉复继。周公吐哺，慧眼识珠；应羽三约，欣然迎入。赠驹封侯，嘉宴无数；求贤若渴，天下钦服。关公寄身，秉烛夜读；两院英风，心念皇叔。不淫富贵，不屈威武；一朝闻讯，辞曹意笃。灞桥惜别，胸怀若谷；力排众议，慨然送出。一刀一骑，青龙赤兔；护送皇嫂，关山飞渡。五关六将，岂能挡阻？兄弟同心，共享荣辱。赤胆忠心情不移，谱就桃园三义曲。

往事千年，逝水依旧。自古知人难，用人容人则更难。曹公能前收关公于下邳，后隆礼待之于许都，知其不可留而留以嘉其志，见其去而不追以成其义，真乃千古王霸之度，才识胆略，实过凡夫。

自古良禽择木而栖，良臣择主而侍。遥想当年，群雄逐鹿，孟德势大，皆知依曹可树功扬名。然关公附曹，不忘初心，可谓之忠；华容道释曹，可谓之义；斩颜良诛文丑，可谓之勇；闻主公之所在挂印封金，可谓之信；劈蜡观《春秋》，晨昏叩嫂安，可谓之礼。三国英豪，忠君、报国、爱民于一身者，不乏其人，然生为人臣能忠，死而为神则灵，惟关公也！

嗟夫，曹公大丈夫，关公真君子，二公皆英雄。其声名事业，皆昌于许。今烽烟消尽，英雄之心，独鉴日月。后有贤人，营造宫室，并祠曹关同庙，任予后人凭吊！

（原载于2017年3月10日《光明日报》）

• 逍遥观 •

——崆峒山上“第一观”

逍遥观游览区位于禹州市浅井镇的崆峒山麓，是传说中古代轩辕黄帝问道于广成子而成仙得道之地，有“天下第一观”之称。

《庄子·在宥篇》说，黄帝十九年，“闻广成子在崆峒之上，故往见之”，求问“修德习武”、驾驭诸部落的道理。据传广成子是上古时期非常有头脑的“哲人”，居于今禹州城西北20公里的崆峒山上。黄帝带了元妃嫘祖，在浅井镇散驾村辞别群臣，散驾登山，出访广成子，后退隐逍遥观。至今这里还留有黄帝“问道处”“得道庵”“广成子庙”和黄帝暮年与广成子在此修道的“大仙观”。

逍遥观依山靠水而建，傍峡谷而坐，境地险峻，景色壮观。这里先后修复与兴建成了广成子圣母殿、老祖母殿、盘古殿、仓颉殿、玄武殿、聚将台等景观。这些殿宇和原来的轩辕黄帝殿、三皇殿等相辅相成，构成了上观下观七十二大殿的整体建筑群。站在此观南面的逍遥湖上举目北望，七十二大殿在云雾中若隐若现，

三皇殿

逍遥观

游人如腾云般出现；低首看那湖水荡漾，七十二大殿倒映于湖水中，如蓬莱仙岛浮在眼前，真可谓其景绝美如画，其情如临仙境。

黄帝得道庵的西崖，峭壁陡险，每逢雨季，飞瀑数丈，声传数十里，景色甚为壮观。东崖根处，有泉水涌出，为逍遥正源，流水贯于青竹园，向崖下飞去。自得道庵西南过石桥有广成子庙，庙内塑广成子像。这里便是顾炎武《天下郡国利病书》所载："崆峒山悬崖有瀑布，上有广成子庙，下有广成子墓。"

相传李耳西游函谷关，谒中岳嵩山风光至崆峒山拜谒道宇，逍遥观前那块老君石便是李耳的谒宗石。

由于年代久远，逍遥观破坏严重，现存建筑很少，但此观依山就势雄伟庞大的气势犹存，黄帝文化的底蕴和神奇尚在。娘娘宝剑、黑龙河、老龙涧、娘娘蛋石、千年牡丹，以及高原古寨、山泉瀑布把这里装扮得既神秘又灵秀。这里青山环抱，溪水潺流，风景秀丽，游人至此会油然而生一种"清心悦目，飘飘欲仙"之感，自然、人文景观的巧妙组合使世人仰慕。目前这里逐步形成了以逍遥观为中心，由30多个景点组成的黄帝遗迹游览区。

• 天宝宫 •

——元朝道庭有奇联

天宝宫坐落在建安区西北艾庄乡北面的石梁河畔，是全国真大道教第九、第十代祖庭。

天宝宫距今已有700多年的历史。据《创建天宝宫碑》载："自五祖太玄广惠真人（郦希战）命举师卢德清往河南典教……自庚子岁至长社沈村，得会首解定等知所敬奉，毅然割所养地为施，因创立道观，名曰'天宝'。""天宝"之名是基于道祖玉清元始称"天宝君"而起的。天宝宫建观之初，只有一座殿宇，地也不过数十亩。其后，经玄真大师孙德通、圆明大师朱德宝的相继拓建，天宝观规模日益扩大。忽必烈定鼎中原并即大汗位后，尊崇道教，天宝观因而得到重视。至元六年（1269）奉昌童大王令旨，易观（道教祀神之祠庙谓之观）为宫，天宝观正式定名为天宝宫。

天宝宫在元代中叶的鼎盛时期有道众50余人，土地800余亩，撇开建观时的老祖师殿，重新规划，围院墙，立山门，建殿宇，塑金像，辟园林，规模宏大，环境幽雅。中轴线上由南到北长达200米，依次有山门、四帅（也叫四圣，即天圣、天篷、天罡、天猷）殿（后改为岳王殿）、关圣殿、老君殿、玉皇殿、雷祖殿、三皇殿、真武殿，形成了现在天宝宫古建筑群的基本格局。这些殿宇高峻雄伟，雕梁画栋，

天宝宫

天宝宫拜亭

金碧辉煌，十分壮观。两厢还建有配殿、斋舍、道房、浴塘、香厨等，宫院占地面积达26 500平方米。远望红墙环绕，绿树遮天，飞檐重叠，丹碧交辉，景色绚丽，气势恢宏，正如真武殿中楹联云“庙貌与天齐，云来云去风不定，真个是空中楼阁；画工从地起，花开花谢景常新，将毋同海上蓬莱”。元时，天宝宫的教规、宫规极严，朝廷使臣不得在天宝宫下榻，任何人不经允许不得入内。元代末年，随着大元王朝的衰亡，历经120余年的天宝宫也在战乱中荒废。

明代崇奉道教，天宝宫又重新得到了恢复。从现存的碑文看，明代自洪武始，正统、景泰、成化、弘治、正德、嘉靖、隆庆、万历、天启年间均有重修、增修，所以明代的天宝宫较之元代更为壮阔，更加辉煌。

清代虽然崇佛，但康熙、乾隆、嘉庆年间对天宝宫也屡有修葺。著名诗人、知州甄汝舟和萧元吉曾先后抵此赏览，并写下《石梁皓月》等著名诗篇。民国年间除修葺外，还增建了拜亭、掖门。在天宝宫拜亭上，有一副很有哲理的对联，常常引得人们驻足沉思：

使尽无限机谋为子为孙临死去只落得一双空手赴阴司始问子孙安在；

用出多般巧诈图名图利到头来徒留下千载骂名来地府方知名利皆虚。

中华人民共和国成立以后，天宝宫曾数次被辟作他用。20世纪80年代以来，天宝宫作为名胜古迹受到了各级人民政府的重视和保护，连续拨款修复了真武殿、雷祖殿和玉皇殿。后附近村民捐资筹款，铸大钟一口、铁狮一对及秦桧夫妇等四个奸臣跪像置于天宝宫内；并翻修了岳王殿、关圣殿，重建了钟楼和鼓楼，修复了山门楼阁和部分配殿，对各殿宇的柱子、梁檩、斗拱、窗棂等进行了彩绘和油漆，部分殿宇绘制了大型壁画；还增设了碑林，存有元、明、清、民国石碑50余通。其中《大元宣谕圣旨碑》为八思巴文与汉文对照，极为罕见，是研究元代宗教、文字、语言的珍贵文物。这通碑代表了元代碑的基本特点：一是八思巴文与汉文合刻；二是将佛教、基督教、伊斯兰教、道教并列，反映元代最高统治者对各种宗教采取兼收并蓄的态度和给以保护的政策。天宝宫是真大道教的庙宇，该教流传下来的资料甚少。所以从历史学、文字学、宗教学、语言学的角度来审视，都具有很高的学术价值。

• 文峰塔 •

——明代砖塔之冠

许昌文峰塔又称文明寺塔，建于明万历四十三年（1615），由许州太守郑振光创建。该塔位于许昌市博物馆院内。

文峰塔平面呈八角形，为十三层楼阁式砖塔，通高49.5米，由基台、基座、塔身和塔刹四部分组成。基台为八角形，用条砖平卧顺砌而成。基座为石质八角形束腰须弥座，表面浮雕出连续性的仰覆瓣莲和卷草花纹，玲珑秀丽。基座之南砌筑有半圆形如意踏跺，古朴典雅。除第一层外，其他各层之面阔自下而上逐层稍有收敛，诸层高度均匀递减，略呈抛物线形。塔身由外壁、回廊、塔心柱或塔心室三部分组成，内外壁皆用青灰条砖三顺一丁垒砌而成。塔檐用仿木结构砖质斗拱装饰，各翼角伸出石雕柱龙头角梁，并用条砖砌出生头木，使翼角翘起，翩翩欲飞，各角悬挂风铎，随风而鸣，远近皆闻。塔身四面均辟有半拱券门窗，塔身第一层南面辟半圆拱券门，门上嵌一长方形石塔铭，正中阴刻“文笔耸秀”四字，左上方竖刻有阴文“万历四十二年”字样，第一层塔心室的藻井采用叠涩砖层，菱角牙子砖和砖制小拱头相间砌筑。塔内筑盘旋的环形梯道，可登塔顶。塔身之上置宝瓶状塔刹，塔顶天宫处置放有铜镜一面，铜剑一把，

文峰塔

文笔耸秀

于1994年8月维修时发现。该塔于清康熙、嘉庆、同治年间多次维修。1991年8月，国家投资对该塔进行测绘、维修。

塔前立有石碑三通，一通为明万历四十三年（1615）《文明塔赋》碑；一通为清康熙五十八年（1719）《重修文明塔寺记》碑；一通为嘉庆十四年（1809）《重修文明寺释迦文佛殿鳌头观音殿碑记》碑。该塔结构严谨，造型古朴，为河南省200多座明代砖塔之冠，对研究中国古代建筑史具有一定价值。

• 紫云山 •

——具茨山顶紫云绕

紫云山景区位于襄城县西南部，属伏牛山系东麓，由九山十八峰和五湖一条河组成，总面积约50平方公里，有平顶山市"前花园"和许昌市"后花园"之美誉，是集自然景观与人文景观于一体的自然风景旅游区。

紫云书院

紫云山

紫云山古称“具茨山”，因常有一团紫云笼罩而得名。它是一亿年前燕山造山运动时期形成的，西北—东南走向，北起汝河南岸，南至紫云书院，呈“L”状，最高峰海拔375米，长约15公里。自南向北有书院山、马棚山、鏊子山、虎头嘴山、黄土坡寨、郑家寨、豆角寨、云阳寨、半截塔山等九座山峰，整体山势平缓。书院山、马棚山、鏊子山植被茂密，有上下两层植物覆盖，上层有6.7平方公里的槲树林、6平方公里的栗树林、5.6平方公里的刺槐林，下层为荆芍、野菊花等。紫云山春夏碧波荡漾，秋天逢霜，槲叶变红，层林尽染，有“槲叶红于二月花，赏秋不必到香山”的说法。尤其是山顶的南屏草原，平坦如川，面积约5平方公里，是黑蝴蝶的栖息地。春夏荆芍花开，满山团紫；秋季野菊怒放，遍野金黄。山体南端断崖处有长一公里的红石林，石柱形态各异，蔚然林立，颇为壮观。紫云山天池传说为七仙女沐浴、嬉戏、玩耍之地，东汉开国皇帝刘秀也曾在此歇息、饮马。池内潭水清澈，长年泉水丰盈，有小鱼、小虾等。紫云山在历史上颇有浓墨重彩之处，大隗（广成子）曾在此修炼；黄帝曾慕名来此拜访大隗；老君曾来此隐居；东汉时期刘秀搬兵经此歇息，留有饮马处、拴马槐等遗迹；明太子朱祐樘（后为弘治帝）曾来此读书研习。

襄城人、明代户部尚书李敏曾在此建

紫云书院弘扬儒家文化，为当时中原理学中心，更使紫云山名扬天下。

明成化四年（1468），时任浙江按察使的李敏因丧母回乡守制，因爱紫云山之秀丽、清幽，建房三楹，集书数千卷，与学者讲习其中。后来，学者日众，室不能容，遂扩建为书院，并购地数十亩供从学者膳食津贴。成化十八年，宪宗皇帝感于李敏的义举，特御赐“紫云书院”匾额一块，镶于院门之上。成化十九年，李敏病归，与诸生讲习程颢、程颐、朱熹的理学经传，对当时中州理学的发展影响甚巨。紫云书院位于紫云山群山合抱之中，门前有清流映带，又有茂林修竹，还有观澜桥、辞君亭、望月亭、莲沼池、水帘洞、墨香泉、吉祥洞等胜迹。众多文人学士慕名而来，潜心求教者不计其数，紫云书院也声名远播。

景区每年农历九月初九举办登高节，正月可品葛仙槐花，十月可赏紫云红叶。

• 首山乾明寺 •

——黄帝问道七里店

襄城县城东南的首山，因倚伏牛山脉之首，故名。据《汉书》记载：“天下名山有八，三在夷狄，五在中国。中国华山、首山、太室山、泰山、东莱山。”

乾明寺始建于唐武德年间，五代后唐清泰元年（934），高僧省念禅师又在首山北麓开山重建。元初曾遭兵燹，多数建筑被毁。到了明成化年间，寺里的僧人靠化缘募捐才将乾明寺重建成功。主体建筑占地150余亩，自北向南有照壁、山门、天王殿、中佛殿、弥勒殿等，后院建筑有三佛殿、左右禅堂、斋堂、方丈室、知客房等。原寺西侧有砖塔370余座，错落有致，相映生辉，可与少林寺塔林媲美。后因多种历史原因，许多建筑被毁。现乾明寺自北向南有照壁、天王殿、中佛殿、弥勒殿等，后院建筑有三佛殿、左右禅堂、斋

乾明寺

堂、方丈室、知客房等，院内千年公孙树至今犹存。

乾明寺照壁，为一字形砖砌照壁，正面是《黄帝首山采铜图》。上下配有对联，上联是“锦屏华丽漫沾天泽无疆”，下联是“古刹崔巍大壮地灵攸萃”。画中人物造型古拙、栩栩如生，使人望之生情。

照壁的背面为《七圣迷径图》，说的是黄帝、方明、昌寓、张若、谞朋、昆阍、滑稽七位圣贤，前去具茨山拜见圣贤大隗，途经此地迷失方向的故事。图中黄帝乘车于中，方明驾驭马车，昌寓陪乘黄帝在右，张若、谞朋在马前，昆阍、滑稽骑马于后。当行至襄城之野时，七圣皆迷失方向，这时正好遇一牧马童子，黄帝遂下车问：“你知道具茨山在哪儿吗？”童子答：“当然知道。”再问：“你知道大隗在什么地方吗？”答曰：“当然。”黄帝觉得非常惊异，又问治天下之道，童子曰：“若吾之牧马，去其害马者而已矣。”黄帝拜了又拜，连称“天师，天师”而去。襄城县城南七里有七迷店村，后改为七里店，该村有“黄帝见童子问道处”石碑一通。照壁砖雕精细，具有很强的地域特征，做工精致，保存完整，在内容和形式上具有独特性，对研究明代建筑装饰有很高的参考价值。

天王殿正面门楣上有一青石匾，匾书“中州第一禅林”。据记载，乾明寺兴盛时，僧徒众多，从山脚直抵中峰，殿堂鳞次栉比，砖塔林立，烟火缭绕，钟鼓鱼磬

中佛殿

之声不绝于耳。其规模在中原地区最大，所以就有了“中州第一禅林”之誉。中佛殿是乾明寺现存最早的建筑，也是该寺的主体建筑。面阔、进深均为三间，单檐歇山式建筑，其内部梁架和内檐斗拱形式保留了很多早期建筑的做法，造型古朴，特点突出。

乾明寺建筑的选址也很独特，其朝向为坐南朝北，为寺院之中罕见。

• 曹魏故都水利风景区 •

——水韵莲城诗意浓

曹魏故都水利风景区位于许昌市中心城区，景区由曹魏古城、三国文化产业园、“水韵许昌”旅游综合体三大核心项目组成，将水脉、绿脉、文脉有机融合，凸显许昌“曹魏故都、水润莲城”的城市形象。

鹿鸣湖地处许昌东区，是个体育公园，湖名来源于曹操著名诗篇《短歌行》中的“呦呦鹿鸣，食野之苹”。红色的跑道围绕着260亩湖面，于鹿鸣湖畔散步或慢跑，望着眼前的一湖碧水，四方新城，总会让人想起魏武帝“周公吐哺，天下归心”的豪情。

北海蜿蜒柔洄在城区北部，是一处占地800亩、水域面积380亩的大型水利景观。北海水面犹如一条龙的图腾，几座桥涵将北海公园一分为四，寓意“龙腾四海”。北海公园自2015年建成以后，已吸引了50万游客来此游玩。

灞陵湖位于城区西端的国家AAA级景区——灞陵桥风景区，这里是关羽挑袍辞别曹操的故地。灞陵桥的关帝庙是全国八大关庙之一，2013年5月，被国务院列入全国重点文物保护单位。天下关庙数不胜数，只有许昌关庙把关羽和曹操同殿供奉，因为许昌人深深理解：是曹操的广博胸襟成就了关羽的“忠、勇、仁、义”。

956亩的秋湖湿地绵延在城区东南部，波光涟漪，水面浩瀚，直至远方的地平线。湿地水生植物、岸上花草树木野趣盎然，“芦荡荻洲，藕花深处”，游人至此，多少烦恼都化作了云烟。

芙蓉湖在许昌新区静静睁开了眼，清澈的湖水深情依偎着弯曲的湖岸。湖水中间是一座小岛，于空中俯瞰，芙蓉湖正如一枝绿荷散开了花瓣。许昌将围绕芙蓉湖

芙蓉湖

建设新区的CBD，这满湖清波必将滋养出曹魏故都的一眼眼财富源泉。

清溵河是许昌东西城区的中轴线，水面明净，两岸曲径通幽，四季花开不断。新建设的梦清园广场，连通着灞陵河和清溵河。清溵河上桥梁众多，当夜色降临，一座座桥梁就会被五彩霓虹点亮，沿河望去，疑是瑶池落九天。

饮马河是东城区雨时吸水、旱时贮水的“蓝色海绵”。饮马河传说是曹操大军饮马之地，今天的饮马河上修建有免费人工泳池，无论寒暑都有人在这里劈波斩浪，乐水陶然。饮马河走到莲城大道回旋了一下，一弯东湖由此出现，东湖的音乐灯光喷泉，如以水为火的烟花，如霓裳羽衣的舞者，不知缭乱了多少许昌人的双眼。

灞陵河上美景多，灞陵折柳，古风盎然。灞陵河北端，烟波浩渺，花树纷繁，120亩的水面，以流畅的弧形，连接五座小岛，仿佛是微缩的蓬莱仙山。河岸上的“再见三国”景区，设置有“陈寿广场”“魏史话廊”“蜀史园”“吴史书林”等文化景观。陈寿广场上，8米高的陈寿雕像一手握笔一手拿着竹简，迎风而立，坚定庄严，仿佛在为今日许昌翻天覆地的变化，于史书上再写下浓墨重彩的一卷。

许昌水系连出了两条环，如两只翡翠手镯展示着曹魏故都的古朴与久远。

芙蓉湖

灞陵河和运粮河形成了城区西部的环形水系，运粮河畔是精致的园林小品，灞陵河畔是自然生态的大树参天。两河南端交汇处，孕育出了双龙湖公园，湖面上两条数十米长的石龙喷出几十米的戏珠水柱，湖水里无数锦鲤用变幻的队形开出一朵朵绚丽花团，动静之间，诉说着许都的蓬勃，也诉说着许都的安然。

环抱老城区的护城河水勾勒出魏都千年风情的厚重与灵动。护城河是一道流动在许昌市井生活里的风景，河畔两侧，栈道曲折前行，行于其上，扑面而来的是清爽湿润的凉风。一艘艘古式红船穿行在护城河的水面，是游船，也是水上巴士，总有人望着平静的水面、河畔的垂柳出神。

水上巴士行至护城河西段，河面变得更加宽阔，这里就是许昌的小西湖了。《永乐大典》称：“天下西湖三十六，许州西湖在其中。”北宋时期，秀丽的许昌西湖景色吸引了苏轼、欧阳修、司马光、梅尧臣等众多文人到此游览，留下了无数描绘小西湖景色的动人诗篇。今天，目睹曹魏故都水利风景区建成之后带给许昌的巨大变化，北宋许昌州官宋庠疏浚西湖后写下的诗句又开始在许昌百姓中流传，那就是：“凿开鱼鸟忘情地，展尽江湖极目天。”

名品荟萃

——赏心悦目的美器、美物、美食

对美好生活的向往，是古今中外人类共同的追求。正是这种追求，推动着人们孜孜不倦地改造世界，创造新的生活。也正是在这个过程中，人类创造出了众多让人赏心悦目、舒适惬意的物质产品。许昌人也充分利用脚下土地带给自己的优势，创造出了众多的美器、美食、美物。

在许昌这片土地上诞生的钧瓷、花卉、蜂产品等器或物，历经千年岁月的粹选，浸透了一代代许昌能工巧匠的心血，工艺越来越精湛，品质越来越完善，因而在愉悦、装点许昌人生活的同时，也走出了许昌，成为许昌带给世界的物质精华。

• 禹州钧瓷 •

——家有万贯，不如钧瓷一片

钧瓷为宋代五大名瓷之一，始于唐，盛于宋。宋建中靖国元年（1101），钧瓷被定为御用珍品，不许民间烧制，并在禹州城东北隅的古钧台附近设置官窑，烧造宫廷用瓷，故窑名钧窑，瓷名钧瓷。钧瓷首开铜红釉之先河，在我国陶瓷百花园里独树一帜，尤以“窑变”著称，被世人誉为火的艺术，素有“家有万贯，不如钧瓷一片”之说。

钧瓷之所以珍贵，主要体现在它的造型之美、窑变之美和实用之美三方面。

钧瓷

首先是美在造型，钧瓷的造型有上百种，但都胎质细腻，线条流畅，匀称秀美，古朴端庄，简洁典雅，厚重大方，体现着古代宫廷的崇高和法度，表露出清闲练达的民族含蓄之美，蕴含着“天人合一”的深刻哲理。

第二是美在窑变，这是最重要也是最关键的。钧瓷有“入窑一色，出窑万彩”的美誉，即同一种钧瓷产品，入同一窑烧成后，釉面变化不可预知。每件产品会出现不同的色彩、纹片、图画，纯属窑火功力自然形成，这就叫“窑变”。因此，所有钧瓷产品没有完全相同的，就是同一件产品上也会出现多种颜色。正所谓“钧不成对，窑变无双”。古人用“窑变奇境天外天”的诗句来形容这种窑变的美妙神奇。

钧瓷的窑变主要表现在釉色、釉画和釉纹三个方面。

釉色体现了钧瓷的绚丽之美。釉色窑变，千变万化。窑变釉色大致分三类数十种。一件器物，可一色纯净，可几色辉映，斑斓夺目，“红里透紫，紫中藏青，青中寓白，白中泛红”，流纹、珍珠点变幻莫测。世上绝不会有两件釉色完全相同的钧瓷作品，其自然效果远非刻意追求和人工修饰所能及，具有典雅大方、飘逸空灵的帝王之气。因此，文人墨客赞美道：“画家嫌笔拙丹青难绘，诗人怨词穷锦句失色”，“晚霭微茫潭影静，残阳一抹淡流霞”，“烟光凌空星满天，夕阳紫翠忽呈岚。”

釉画体现了钧瓷的意境之美。钧瓷在高温烧制中，釉料交融，自然流变，形成千姿百态的图形，如同图画艺术中的大写意，形神兼备，似真似幻，意境无穷，堪称世间一绝。釉画的内容主要靠人们去发现、去鉴赏。由于每个人的经历、学识、修养不同，对图画的理解也就不同，仁者见仁，智者见智，有的只可意会，不可言传。钧瓷上出现的图画内容，有人物、动物、山水、花鸟、虫鱼、字画、诗词意境、自然风景、历史故事、人文景观、社会万象等。

釉纹体现了钧瓷的残缺之美。钧瓷烧造，工艺独特，在色彩斑斓的釉面上，形成千姿百态的纹路，如冰裂纹、蚯蚓纹、蟹抓痕、雨丝纹、树杈纹、龟背纹、兔丝纹、飞瀑纹、鼠爪纹、罗网纹、牛毛纹、鱼子纹、百极碎、虫翅纹、叶脉纹、袈裟片等。其中尤以冰裂纹具有独特的审美价值，其纹路纵横交错如网状分布，以大器开小片、小器开大片为最佳。冰裂纹是胎质和釉面的冷热收缩率不同而自然产生的，会产生细小的爆裂之声。

第三是美在实用。掌握钧瓷烧制技艺、技术精湛的匠人不仅可以烧制出精妙绝伦、品格高雅的艺术品，而且还能烧制出品种齐全、琳琅满目的各类生活用品，从而满足了社会不同群体、不同层次消费者的多种需求，使钧瓷的烧制技艺得到了广泛的传播和传承。

钧瓷作为中华民族艺术的瑰宝，具有独特的民族风格和独树一帜的艺术特征，体现了中华民族的伟大气魄和瑰丽多姿的民族文化，具有很高的审美价值、科学价值、收藏鉴赏价值和使用价值，故蜚声瓷林，名扬中外。在许多重大国际交往活动中，钧瓷常常被选为赠送礼品。香港回归时，钧瓷大花瓶《豫象送宝》作为河南礼品赠给香港特区政府。观音瓶《云涛劲松》《嵩岳古刹》被北京人民大会堂收藏。祥瑞瓶、乾坤瓶、华夏瓶连续三年被作为国礼赠送给出席博鳌亚洲论坛会议的各国政要，并被中国历史博物馆收藏。

·许昌档发·

——美艳的顶上时装

假发作为一种时尚文化，具有悠久的历史和广泛的应用。公元前2000年，古埃及人最早使用假发，所有人不论贫富、地位、性别，都在头上戴假发。公元前800年，假发传入欧洲；公元前100年，罗马皇帝图拉真成为首个被记载使用假发的君主。欧洲人上至皇室贵族，下至普通百姓，莫不追捧。公元7世纪，欧洲受罗马天主教会影响，假发一度甚少使用。16世纪，英国女王伊丽莎白一世以喜欢戴假发著称，假发再度成为欧洲女性必不可少的时尚品。17世纪，法国路易十四喜欢戴假发，引起臣民们纷纷效仿。1660年，英国查理一世流亡法国一段时间后，重新回国执政时，把这种男装假发传入英系国家，长度及肩或稍长于肩的假发成为欧洲男子的时尚。19世纪末，现代意义的造型假发出现在巴黎。因可以无痛苦、无危险地改变发型而风靡欧洲，成为最早的顶上时装原型。我国在《诗经》中就有关于女子戴假发的记载，表明中国在东周初年，假发已经成为妇女流行的装饰。当代中国的明星、模特在剧中、T台等场合，大多戴假发，使自身形象更加完美靓丽。20世纪60年代，顶上时装成为时尚潮流，越来越多的人以戴假发来快速完美自己的形象，使美丽从头开始。如今，假发已经走入民间，在国内外逐步成为大众化的消费品，成为一种风靡世界的时尚文化，

许昌市建安区是全国最大的发制品原料集散地和出口生产基地，发制品出口额占全国同类商品出口额的49%，占许昌市出口总值的85%。全区有发制品生产企业170多家，个体生产专业户近万家，发制品产

许昌档发

业链上从业人员近25万人。

建安区发制品业始于清朝末年，当时主要是向韩、日、德等国提供原料。自20世纪80代末起，经过10余年的快速发展，建安区发制品业迅速崛起，实现了由原材料加工、手工小作坊向工业化的跨越。许昌发制品主要分为工艺发、女装假发、化纤发、教习头、男装发块等五大系列，有3 000多个品种，畅销北美、西欧、亚洲、非洲的30多个国家和地区。其中美国是假发的最大消费地。非洲作为新开辟的发制品市场潜力十分巨大，以尼日利亚为中心向加纳、贝宁、尼日尔、埃及等国扩展。

在许昌众多的发制品企业中，瑞贝卡发制品股份有限公司生产的“瑞贝卡”系列产品在全球市场享有很高的声誉，仅在美国市场就占有15%的份额。龙正发制品有限公司实力也颇为雄厚，2008年出口4 100万美元，“龙正”牌系列产品畅销美国、加拿大、印度尼西亚等地。另外，神龙、海贝瑞、甲泰等十几家发制品公司出口创汇也都在500万美元以上。

• 禹州中药材 •

——药经禹州疗效灵

禹州的中药材种植、加工和生产历史悠久，中医药文化底蕴深厚，从轩辕黄帝长期在禹修炼、以草为药教民救治百病开始，禹州就与中医药有着割舍不断的渊源。药王孙思邈曾在此行医采药，“医不见药王不妙，药不经禹州不香”是千百年来人们对禹州中药业的赞誉。

禹州药市始于唐宋，盛于明清。禹州人为纪念唐代药王孙思邈云集寺庙，隆重祭奠，由供奉活动逐渐形成药材交易市场。在明代时禹州就是当时全国四大药都之一；至清代药市达到鼎盛时期，形成了每年三季的药材交易会。“内面二十二省，外越西洋、南洋，东极高丽，北际库伦，皆舟车节转而至”。当时禹州有大小药商2 000余家，药行、药棚林立，药庄、药铺环伺，出现了“无街不药行，处处闻药香”的繁荣景象。每日车水马龙，熙熙攘攘。

禹州独特的中药炮制理论和加工技艺，以“遵古炮制、加工精良”著称于世，在“浸、泡、煅、煨、炒、炙、蒸、煮”等方面都有独到之处，并成为禹州药商必不可少的技艺和“前店后作”的传统经营特点。2008年，禹州中药材加工炮制技艺被河南省列为非物质文化遗产。

进入新时期以来，禹州中药材专业市场药材药品年市场交易额位居全国前三位。

炮制中药

• 河街腐竹 •

——大豆加工出佳品

河街位于建安区西部，距市区约4公里，素有“腐竹之乡”之称，是全国最大的豆制品生产集散地之一。

河街豆制品历史悠久，其境内的灵沟河水质清醇甘冽，含有丰富的矿物质和多种维生素，酸碱度适中，流传有“喝了灵沟水，干活不觉累”之说。腐竹是豆制品的一种，因其心空似竹而得名。明代时，河街腐竹因得灵沟水之益，不仅产出率高于其他地方，而且观之色泽鲜美、淡黄油亮，食之松软可口、筋柔醇香，成为腐竹之上品，求购者日甚。当地人见制作腐竹有利可图，便竞相生产，逐年扩大，遂成地方特产。至20世纪70年代，河街腐竹已名闻中州。

河街腐竹

河街黄豆市场的日成交量150多吨，年消耗黄豆5 000多万公斤，是全国最大的黄豆销售市场。九和豆制品有限公司生产的腐竹被全国政府采购组委会确定为“人民大会堂指定食品”。目前当地已发展腐竹生产专业村21个，有5 000多户从事腐竹生产，就业人员达15 000人，年生产销售腐竹3 000多万公斤。河街腐竹不仅以其多品种、高质量畅销全国各地，占领全国60%以上的销售市场，而且还打入了国际市场，腐竹产品销往俄罗斯、美国、日本、韩国等国家和地区。

• 长葛蜂产品 •

——散似甘露凝如脂

明洪武年间，有一穆姓人家从山西迁到河南长葛落户生活。当时长葛土质多为沙地，粮食产量低，不能满足生活需求，但刺槐成林，枣树成片，荆条成田，因而蜜源丰富。每当花开季节，许多野蜂在花丛中穿梭，采集花粉和花蜜。当地也盛行养蜂，不但家养的蜜蜂多，野生蜂群也多。穆姓掌柜观察到这个情况，为养家糊口，遂向邻里购买蜂群，并从山区捉回蜜蜂饲养，在当地采集枣花、刺槐花、荆条花、油菜花蜜。然后就挑着担子，走街串巷叫卖蜂蜜和蜂蜡，生活甚是富裕。

邻里看穆掌柜养蜂卖蜜能赚钱，纷纷效仿。养蜂行业在当地逐渐扩大，养蜂和买卖蜂产品的范围也发展成为除本地生产蜂蜜、蜂蜡外，还到外地收购蜂巢和蜂蜡，制作巢础、摇蜜机，再到外地与养蜂户交换蜂蜜、蜂蜡和蜂巢，最远到达云南和贵州一带。穆姓家族在云南、贵州与当地养蜂户交换蜂产品，时间一久，有些就在当地娶妻生子，落户生活，还有人将云南、贵州的媳妇娶回长葛来生活。现在云南和贵州两省，还有从长葛迁去的穆姓家族的后裔，长葛官亭乡也有云南、贵州血统的后代。明清年间，长葛生产的巢础、蜂脾、蜂箱、摇蜜机等养蜂用具就销往全国，享誉海内外，直到今天依然是全国最大的巢础生产基地，部分蜂具已经走出国门，进入国际市场。

20世纪60～80年代，长葛的养蜂人达500余人，养蜂25 000箱，除在本地放养

长葛蜂产品

外，还到云南、贵州、广西、湖南、湖北、四川、福建、山西、陕西、河北、内蒙古、山东、安徽等地流动放蜂，追花取蜜。随着养蜂从业人员的增加，蜂蜡、巢础的交易额急剧扩大，在长葛官亭、大周逐渐形成了蜂产品交易市场。长葛官亭的巢础、摇蜜机等卖到除西藏以外全国所有地区，并将全国各地蜂蜡、蜂巢运回长葛加工销售。现在长葛已成为长江以北最大的蜂产品加工基地和蜂产品集散地，有官亭乡和大周镇两个蜂产品产业重点乡镇和20多个蜂产品收购加工专业村。

长葛市的蜂产品在全国的地位举足轻重。蜂蜡占全国总产量的90%，蜂蜜占全国总产量的40%，蜂王浆占全国总产量的60%，蜂胶占全国总产量的90%，蜂花粉占全国总产量的30%，形成了精装蜂蜜、蜂王浆、蜂花粉、蜂胶软胶囊、蜂胶液等几十个系列的蜂产品。

蜂产品企业创出了“吉祥”“普瑞”等河南省著名商标和“卓宇蜜坊”“豫蜂园”“长兴贝贝康”等8个省优质品牌。2007年，中国蜂产品协会蜂蜡专业委员会在长葛市官亭乡岗李村挂牌成立，这也是唯一设在农村的国家专业委员会。

目前，长葛年加工蜂产品2万吨，产值4亿元，年创汇4 000万美元。国内销售市场涵盖全国各省区；境外市场主要有日本、韩国、菲律宾、新加坡、美国、英国、法国、德国、澳大利亚、阿联酋、沙特阿拉伯、南非等国家和地区。

• 鄢陵蜡梅 •

——鄢陵蜡梅冠天下

鄢陵县素有“花县”“花都”之称，尤以蜡梅著名。鄢陵蜡梅又称黄梅、香梅，因花型大、蜡质厚、花期长、香味浓，被列为蜡梅科属之上品，其栽培制作技艺历史悠久，兴于唐宋，盛于明清，有“鄢陵蜡梅冠天下”之美誉。明代韩程愈《叙花》记载：“蜡梅一种，惟鄢陵著名，四方诸召事，购求无虚日，士人皆以为累。”清代乾隆年间，鄢陵蜡梅每年年末运至京师，单株价白银六两，达官贵人亦将鄢陵蜡梅作为礼品互赠。著名文学家王士祯曾赞誉：“鄢陵蜡梅冠天下。”鄢陵蜡梅主要品种有：罄口梅、素心梅、虎蹄梅、老苏梅、圣府梅、金莲花梅、金桃花梅等。今又有红心梅、紫花梅、早黄梅、晚花梅、小花罄口梅等几十个品种，经过改良，现存的素心蜡梅是蜡梅科系中的最佳品。

蜡梅

鄢陵蜡梅名闻天下，不仅因其栽培历史悠久和数量众多，还在于其品种优良与盆景造型绮丽多姿。如现已绝迹的老苏梅，据传是宋代苏轼被贬时送给好友鄢陵王主簿的爱物；圣府梅据说是明代山东布政司参议、鄢陵人陈澹享从孔府中购来的。其他如金莲花梅、虎蹄梅、素心蜡梅都是蜡梅中的珍品，其中最具特色的是素心蜡梅。清《鄢陵文献志》记载："鄢陵素心蜡梅，其心洁白，浓香馥郁。因其花开时不全张开，且张口向下，似'金钟吊挂'，故又名'金钟梅'。"

经"控形""动刀"等艺术加工造型的蜡梅盆景，虽风雪寒天而花香满树，姿态优雅而芳香秀丽。清代汪为熹盛赞："高仅尺许，老干疏枝，置之书几之旁，雅致韵人。"鄢陵蜡梅不仅有很高的观赏价值，也有一定的实用价值，其根、茎、叶可入药，花能提取芳香油，有解暑生津、顺气止咳、消炎活血之功效，亦可采花窨茶，而其花蕊油又可治烫伤。2006年，鄢陵县被中国民间文艺家协会命名为"中国蜡梅文化之乡"。目前鄢陵种植蜡梅1 300亩，年产品种蜡梅400多万株。

丈地羊肉汤

——生炒羊肉汤味佳

丈地羊肉汤产于建安区苏桥镇丈地村，历史悠久，远近闻名。

丈地羊肉汤因其汤浓肉嫩、香辣可口、营养丰富而闻名省内外，丈地人杨书清制作的羊肉汤曾获"许昌名吃"荣誉称号。市面上的羊肉汤多为羊肉长时间炖煮

丈地羊肉汤

而成，而丈地羊肉汤的特点在于它是用生羊肉现场制作的。其制作方法是：将鲜羊肉切成薄片备用，炒锅内放入适量牛油加热至冒烟，倒入切好的鲜羊肉片爆炒，炒熟后加适量骨头高汤，炖五六分钟，将要出锅时，加入配制好的中草药调味秘料，搅匀后即可出锅。在碗内放进葱花儿、香菜，把做好的羊肉汤盛入碗内，再加入适量的小磨油即成。

丈地羊肉汤的经营者多为回民，所用的羊肉必须非常新鲜，要求使用屠宰后24小时以内的羊肉。爆炒羊肉的火候也非常重要，不同的厨师各有自己的诀窍。中草药调料的配制更为严格，配方独特，程序复杂。由于中草药调料秘而不传，更增加了丈地羊肉汤的神秘色彩。

国家前领导人乔石、布赫曾莅临丈地视察，对其民族餐饮业给予了高度评价。目前，丈地村经营丈地羊肉汤的饭店多达几十家，而遍布省内外的丈地羊肉汤馆更是多不胜数，其中以丈地的“迎清斋”“丈地庄园”等饭店比较知名。

• 吴庄驴肉 •

——人间难得几回尝

吴庄位于许昌市西郊。走进吴庄，驴肉的香气扑面而来。一街两巷，驴肉店一家挨着一家，一家赛过一家香。各个店面都不大，但每到中午和傍晚时分，每家店前都车水马龙，食客如云。走进驴肉店，驴肉、驴肉汤、驴杂应有尽有，想吃驴身上的哪个部位都可以。当然最珍贵的是驴

吴庄驴肉

鞭，一套驴鞭能卖到几百元，而且供不应求。

“天上龙肉，地上驴肉。”驴肉香尽人皆知，吴庄驴肉就更香了。吴庄驴肉为卤制肉食，卤制方法各家有各家的高招，但都香烂可口，令食客慕名而来。吴庄的几家驴肉名店都传了几代，但最早的一家据说是老孙家。

老孙家驴肉店的当代传人叫孙聚福，其父孙万振，已年九十有余，身体健康，肢体麻利。自孙万振的爷爷起，孙家就开始卖驴肉。中华人民共和国成立后，孙万振的父亲被省、市、县多家食品公司聘请为高级师傅。改革开放后，孙万振又开起了自家的驴肉店，不久即声名鹊起，进而带动了吴庄驴肉产业的发展。如今，吴庄成了饮食一条街，吴庄驴肉在中原大地乃至全国赫赫有名，成了品牌。

• 石象豆腐 •

——马尾拴住能提起

长葛石象镇是唐朝武则天时直言敢谏的名臣王求礼的故里，那里出产的豆腐细腻劲道，味道纯正，远近闻名。

石象豆腐的制作起源于清朝中期，当时石象东3公里的常庄村有一户姓白的人家首先开始做豆腐，其后世代相传。由于豆腐品质好，规模越来越大，现在已成为石象镇的一项特色产业。

石象豆腐制作工艺共分三步：一是泡豆磨浆。豆腐质量的优劣与黄豆的好坏密切相关。只有黄豆的质量好，磨出的豆腐才香脆爽口，不容易变质。泡豆前要把黄豆中的杂质和霉变豆子去除干净，根据天气冷暖，浸泡10～16小时。捞出浸泡的黄豆在手中轻轻一搓，以豆皮能脱落为宜。其后将泡好的黄豆倒入石磨中着适量的水磨成豆浆。二是熬汁点乳。把磨好的豆浆盛进白棉布制作的吊单中加水过滤，滤出豆汁。生豆汁滤入大铁锅里，用中火熬制，将乳白色的生豆汁熬成微黄的热豆

石象豆腐

汁。三是点乳压制。把熬好的热豆汁舀进大缸里，加浆点制。点浆是决定豆腐质量优劣的关键，石象豆腐的特点就在于都用原浆点制。豆汁点好以后，放半个小时，舀去缸上边的浆水，剩下豆乳。把豆乳打碎用粗布包成四方块上架压制，将浆水全部压出后就成豆腐了。打乳很有讲究，只有乳打得恰到好处，压制后的成品才瓷实。切成块用马尾穿住能掂起来，是石象豆腐的最大特色。

鄢陵热豆腐和吊炉烧饼

——夕阳下的大众美味

热豆腐即刚出锅的嫩豆腐。鄢陵热豆腐洁白如玉，滑腻可口，配以特殊调料，令人食欲大开。

据传鄢陵热豆腐与五代十国时期楚国国王马殷有关。史载马殷少为木匠，是吃百家饭的手艺人，尤喜白菜豆腐烩菜。后唐末年战乱纷纷，群雄争霸，马殷被迫从军，南征北战，被唐明宗封为楚王。在长沙做了楚王的马殷吃烦了山珍海味，特别怀念家乡的家常饭——白菜烩豆腐，就派人专程到家乡鄢陵聘请豆腐匠，购买石磨，在王宫中建起一座豆腐坊。宫中御厨想到马殷吃豆腐心切，就先将辣椒油、芝麻盐浇在刚出锅的豆腐上送给马殷。马殷一尝，大呼美食，对御厨大加赞赏，此后隔三岔五就要吃上一顿这样的热豆腐。后来，随着马殷的随从回鄢陵省亲，热豆腐传入鄢陵，又经过鄢陵厨师的反复试验摸索，逐渐成了一种著名的特色美食小吃。

鄢陵热豆腐

鄢陵热豆腐最独特之处在于调料，由大豆、芝麻、辣椒和大茴、肉桂等十几种香料组成。调料的制作方法是：先将上述原料用铁锅炒熟，然后兑水用石磨磨成糊状，豆腐切好后，撒上即可。讲究的还要加入少许熟黄豆、芹菜丁、香椿末、小磨油等，色、香、味俱佳，令人垂涎欲滴。

热豆腐大都在傍晚时出摊，劳碌了一

吊炉烧饼

天的人们围在豆腐摊前，为一盘美味的豆腐停下奔波的脚步，是经常可以在鄢陵街头看到的温馨场景。

热豆腐一般和鄢陵县特色面食吊炉烧饼同吃。所谓吊炉，就是将一口大锅倒扣过来，上面糊一层厚厚的泥巴使其保湿保温，下燃炭火，待锅烤热后，往上粘烧饼。

制作烧饼时，先将发酵的白面在案板上揉到光滑不粘手的程度，而后将面块揪成一两左右的面团，再将一块拇指肚大小的面团儿沾上盐、香油、五香粉，包入大面团内。用水和糖浆，双手在面板上将面团研展成碗口大小的片儿，正面沾上些许芝麻，搭在手背上，粘在反扣的热锅上。粘烧饼是一项技术活儿，手要经得住炭火烘烤，锅凉了粘不上，锅热了烧饼皮煳里生。待炭火将烧饼烘烤至酱红色，用小铲铲出。烧饼正面焦黄，心子软香，尤其是刚出炉的烧饼，外酥里软，热气腾腾，美味可口，而且还带着糖稀的甜味儿。

做烧饼最出名的是县城太平街人张廷军。20世纪60年代，张廷军应聘到郑州中州宾馆，专门为贵宾打烧饼。张廷军做的烧饼除具有外酥里软、焦香适口的传统特色外，还将烧饼用刀划成城墙垛一样的花边，如同一件精美的工艺品。2001年，温家宝副总理来鄢陵考察花卉，鄢陵宾馆还专请张廷军为他做吊炉烧饼。

• 许昌焖子 •

——凉拌热炒总相宜

焖子是许昌的一种风味小吃，盛行区域主要在禹州、长葛及建安区西部。正宗的许昌焖子呈墨绿色，一面有明显的粉条纹线，表面色泽基本一致，无白斑，口感筋道，入口滑嫩，后味香。

在中华人民共和国成立前，焖子多作为宴席上的配什，制作时放料也比较简单。那时群众生活困难，遇红白喜事置办

许昌焖子

宴席为了省钱，只能买少量的肉、蛋、禽等，然后在每道菜中用焖子垫底，上面放少许主料，装得满满的，既不显得寒酸，又能让客人吃饱。现在已不存在此种问题，焖子反而成为一种美食保留下来。

眼下制作“焖子”的方法，把当地特产的红薯粉芡和粉条添加蛋清、水，以及葱花、姜末、料酒、精盐等调味料，调和均匀，堆成圆盘状放入蒸笼，大火焖蒸而成，因此称为“焖子”。

许昌焖子的食法多种多样，可与多种食材搭配。常见的是香煎、焖炒、烩菜、油炸和凉拌，最适合与肉食搭配，尤以回锅焖子、凉拌焖子为佳。

• 禹州十三碗 •

——丰盛的乡村大餐

禹州十三碗是禹州市西部一些乡村娶亲、嫁女、生子等重大庆典宴席必备的佳肴，由用碗盛装的十三道带汤菜肴组成，故名十三碗。十三碗包括：头碗“鸡”，二碗“鱼”，三碗上的“大肉皮”，四碗蒜菜，五碗甜米，六碗小酥肉，七碗金边豆腐，八碗合笼春卷，九碗豆腐条，十碗条子肉，十一碗山楂汤，十二碗丸子汤，十三碗鸡蛋汤。

相传，明嘉靖皇帝曾巡视禹州，为体察民俗民风，招乡下名厨为其操办地方特色菜。乡厨将民间操办喜事的十三碗精心烹制，献给皇帝。嘉靖皇帝品尝后大为赞赏，誉为“精品水席”。

十三碗上菜顺序有着严格的规定。

禹州十三碗

民间有句口头禅叫：头碗“鸡”，二碗“鱼”，三碗上的“大肉皮”。由于鸡、鱼蕴含着“吉祥有余”的意思，因而农家盛宴是以上鸡、鱼为标志的。但早年鸡、鱼并不丰足，乡厨便巧生智慧，借猪里脊，取其谐音以“脊”代鸡，制成头碗“鸡”。二碗“鱼”也是假鱼。乡厨用豆腐掺玉米面做成小鱼形状，再细加制作，虽非真鱼却味道鲜美。三碗上的“大肉皮”，是取上好的前肘，煮六成熟切块、过油，焖子打底，上笼蒸制后冲汤而成。第四碗上蒜菜。伴着蒜菜上桌，宴席的主事者要在当院响亮地喝一声“上馍啦”，陪客者就每人提一竹篮馒头，挨桌分送。上甜米饭和山楂汤这两道菜前，传菜者会用托盘送上一碗凉水，这是菜由咸变甜怕串味，让客人用来涮汤勺的，若是没见过世面舀了喝下，免不了让人笑话。

十三碗宴席进行中有很多礼仪。十三碗的头道“鸡”上桌，主客方的长者会当即离席到操作间给厨子敬酒封红包，以表谢意。如有不经意忘掉此规矩者会被人认为不知礼。厨子对“不知礼”者在后续上菜中会搞一些恶作剧，要么菜中不放盐，要么咸得让人难以下咽，让人哭笑不得。十三碗中的丸子汤为主客人辞菜标志符，当丸子汤上桌后，主客要向主人辞让“大家都吃好啦，不用再上菜啦”，这样方显主客的修养和老道。而陪客者则应答说“菜还多着呢”。在主客的“坚辞”下，端上最后一道菜——鸡蛋汤。

喜宴在热闹声中圆满结束，主人这时开始忙着道谢、送客，满院的礼让声、嬉笑声此起彼伏，不绝于耳……

• 王洛猪蹄 •

——先炸后卤烂而香

王洛猪蹄是闻名遐迩的襄城名吃。相传周襄王来汜邑（襄城）避难，经过一个村子时，跟随来的王妃生一王子，襄王就把这个村子叫王落子店，后来简称王洛村。据说当年王妃生孩子时，村中的老百姓就以猪蹄炖汤献给王妃滋补身体。

王洛猪蹄制作程序复杂讲究，佐料齐全，让人百吃不腻。其制作程序是：首先用大铁锅将黄香与猪油放在一起用文火慢熬，待黄香与猪油熬成稀糊状时，将冲洗干净的新鲜猪蹄在锅里沾满黄香，取出后让其自然冷却。冷却后，将成固体的黄香从猪蹄上揭下，从而把猪蹄上没有褪干净的猪毛拔出来，这个工序叫粘毛。如此反复5遍，再将猪蹄清洗干净，使猪蹄看起来明净透亮。第二道工序是把猪蹄放在60度的温水中浴40分钟，并且不断将锅中漂浮起的油沫舀出倒掉，直到猪蹄表面出现条条崩口为止，以此去除猪蹄的异味。猪蹄浴好后，用生白布沾干上面的油渍，风凉20分钟。第三道工序是油炸。将猪蹄上涂上一层蜂蜜，新鲜花生油烧至150度，猪蹄下锅炸1分钟左右捞出。涂蜂蜜一是防止猪蹄油炸后变黑变焦变黄，二是有助于出味。油炸后的猪蹄用生白布沾干净油渍，放入温水中泡洗去掉油渍气味。第四道工序是焖炖。锅内放入用生白布包裹好的各种作料，将猪蹄放入，用锅盖焖严实，文火慢炖，幼猪猪蹄炖1个小时左右，老猪猪蹄炖3个小时左右，出锅的猪蹄呈酱红色，晶莹发亮。

王洛猪蹄

制作王洛猪蹄所用作料有草果、肉豆蔻、大小茴香等48种之多。作料是厨师秘而不宣的，为不被人发现，厨师要在几个地方买齐配料。同时还有多种酱料，如用麦酱出色，用果酱、海鲜酱出味，用杀铁酱去除锅锈味等。王洛猪蹄关键在于焖炖的老汤。老汤由于熬炖的次数多，呈胶质状，用其他汤水，一斤生猪蹄能炖出六两熟蹄，用这锅老汤一斤生蹄能炖出九两熟蹄，并且炖出的猪蹄烂而不散。猪蹄富含胶质，是美容之佳品，王洛猪蹄更具有健脾、开胃等多种食效。

• 许昌烙馍和菜馍 •

——农家美食分外香

在许昌一带，有两种方便实惠的农家面点，这就是烙馍和菜馍。

烙馍以小麦面为原料，加水揉成面团，再用两头光细、中间粗圆的小擀杖，擀成直径尺余、晶莹透亮的薄饼，放在铁鏊子上烙熟，可展吃、卷吃、夹菜吃，柔软筋道。由素烙馍又派生出烙馍卷菜、烙馍卷牛肉、夹馅烙馍、芝麻焦烙馍、烙饼油盒儿等。擀烙馍也成为家庭妇女和厨师展示厨艺的独特技艺。传说，唐朝时，画圣吴道子幼年曾一度对画画丧失了信心。一天，他在禹州城内看见两位老太太正在烙馍。在三间空旷的新房里，擀面饼的案板支在东山墙下，翻烙馍的鏊子支在西山墙下，俩老太背向而坐。擀面饼的抓起面团三揉两擀即擀成一张透亮溜薄的面皮，用小面杖挑起来向后一抛，那面皮在空中忽忽悠悠飘向屋西头，啪的一声，不偏不倚地摊在了铁鏊子上。翻馍的老太太拿翻馍铁签，三翻两调烙熟了，她也不看，用翻馍签挑起来向后一摔，熟烙馍在空中忽忽悠悠飞着，啪的一声不偏不倚刚好落在房屋中间地上的馍筐里，整整齐齐叠摞起来。吴道子看得眼花缭乱，他走近那个擀面的老太太，问道："你看都不看，馍就会一丝不差地飞落到鏊子上，这么难的事，是怎么学会的呢？"老太太看了他一眼，说："这没什么，只不过是天天烙，月月烙，专心一意，熟一点罢了。"吴道子恍然大悟：无论做什么事，都要专心，都要下苦功夫，熟能生巧，功到自然成。从此以后，他勤学苦练，见山画山，见水摹水，见人描人，见树绘树，天长日久，终成了一位誉满天下的大画家。

菜馍是烙馍的延伸。制作菜馍时，先把白面和好，然后调制一盆菜品。菜品一般以新鲜青菜为主，如菠菜、苋菜等，也可掺入豆芽和红萝卜、南瓜丝等，还可掺入碎豆腐、碎粉条，再放入五香粉、盐、味精、小磨油等调料拌匀。制作的时候，先用白面擀一个薄饼，放在一个轻便的平板上，然后在薄饼上摊上适量的菜品，如想增加营养，追求更佳口感，可在此时打一个生鸡蛋在菜品上撒匀，然后再擀一张薄饼盖在上面，用力将两饼周边压紧。之后，将制作好的生菜馍放到烧热的铁鏊上或平底锅里，适时翻转，待熟后取出，抹

烙馍

菜馍

上辣椒或酱类卷成一卷食用，馍香菜嫩，十分可口。为了吃着方便，一般将其用刀切成两截或四块。还有一种禹州菜馍，菜品中不加任何调料，烙出的菜馍是淡的，可根据食用者的不同口味另外调制一份蘸料，边蘸边吃。

烙馍和菜馍原出自农村，是农民农忙时为节约时间发明的一种快捷食品。近些年，农民们大量进城，将其带入城市，作为早餐和晚餐，很受消费者欢迎。

『非遗』概览

——带着许昌的印记

早年，张明敏一曲《我的中国心》，唱醉了全世界华人的心。歌中有一句这样唱到：“我的祖先早已把我的一切，烙上中国印。”是啊，我们在脚下这块土地上生生不息，我们的祖先用什么，又是怎样给我们及我们的后人烙上精神文化印记的呢？就说许昌吧，当你闻着蜡梅扑面的清香，看着意蕴无尽的钧瓷，吃着香软筋道的腐竹，耳边传来越调大师毛爱莲清丽婉转的嗓音，这应该是一个许昌人再普通不过的日常生活。它太普通，以至于大多数人都没有意识到，就是这种生活构成了许昌的非物质文化遗产，在很大程度上反映了许昌人的文化价值和审美情趣。它像家常饭一样带给了许昌人平和、充分的情感滋养，带给了许昌人无尽的快乐，打上了深深的、无法磨灭的许昌印记。

许昌市的非物质文化遗产内容丰富，形式多样，有3个项目列入国家级非物质文化遗产名录、29个项目列入省级非物质文化遗产名录、72个项目列入市级非物质文化遗产名录，涵盖了民间文学、民间戏剧、民间舞蹈、民间音乐、传统手工技艺、民俗等多个类别。

• 许昌越调 •

——独树一帜的毛派艺术

越调，原名“四股弦”，因伴奏乐器以四股弦乐器为主而得名。越调是河南省主要地方剧种之一，距今已有300多年的历史，主要流行于河南、湖北北部、陕西、山西、安徽部分地区。

越调的唱腔音乐，早期为曲牌体系，拥有曲牌200多种。后来演变为类似梆子腔的板式变化体系。唱腔有九腔十八调七十二调门之说。越调以唱、念、做、打、舞等戏曲程式为表演形式，唱腔高亢、明快、淳厚、质朴，既善于表现慷慨激昂、悲壮高歌的场面，又能抒发深沉、轻柔、哀怨的情感。越调分南、北两派。南派的中心在南阳、老河口一带，弦低，男演员多，多演三国、列国戏，唱腔节奏缓慢，慢板的第三字要用假嗓拉后腔，唱腔用的曲牌较多；北派的中心在许昌一带，弦高，女演员多，主要演公子小姐戏和生活小戏。著名越调表演艺术家毛爱莲属北派演员。

越调皇后毛爱莲

许昌越调是河南越调的重要一支，其历史可追溯至清乾隆年间，最早是在禹县衙门及马车场组建起班社。清道光元年（1821），越调艺人王庆和来此搭班，成为这个班的领班和主演。1927年，许昌县（现建安区）张潘镇张三余、张书监组建越调窝班，申凤梅曾在此学艺。同时，襄城的张勋、赵小梅，长葛的刘莲蓬等也先后来许昌组建越调班。1939年，许昌县人杨小凤在漯河创办“文凤班”。同年，毛爱莲在文凤班开始学戏，拜师邢金奎，起艺名毛小爱。1943年，毛爱莲成立“兴爱剧社”。1949年秋，“兴爱剧社”改名为“周口红光越调剧团”。1955年，许昌专区所辖市县批准了组建周口越调剧团和襄城县一团、二团。1959年，许昌以襄城县一团、二团为班底，调周口越调剧团部分演员参加，组建了许昌专区越调剧团。

许昌市越调剧团是目前河南仅有的一

个市级越调艺术表演团体，在河南及全国有较大影响。许昌市越调剧团演出区域遍及全国，曾多次晋京汇报演出和代表河南省参加全国性文艺赛事，取得了优异的成绩。

著名越调表演艺术家毛爱莲，1930年3月1日出生在河南省舞阳县杨桂村，是越调“毛派”创始人，被誉为“越调皇后”，国家一级演员，全国劳动模范。

毛爱莲生活在一个贫苦的农民家庭，原名杨舍儿，4岁丧母，7岁被卖到漯河，给毛黄氏做养女，后来上过一年私塾。9岁入漯河“文凤班”学戏，12岁登台演出，14岁自成越调班社，任领班。她刻苦学习，潜心研究，以特有的自然条件和后天的不懈努力，在20世纪四五十年代便蜚声豫、皖、晋一带，成为越调承前启后的中坚人物，创造出独树一帜的毛派艺术，被梅兰芳誉为“少见的旦角演员”，是河南八大戏曲名家之一。

毛爱莲唱腔细腻委婉、悦耳动听，吐字清晰准确，音色独特，声音不高但清脆优雅，耐人寻味，尤其是鼻腔共鸣的运用，更具独到之处。她的唱腔清纯、俊丽、流畅、纤细，艺术评论家曾把其概括为“甜、纯、清、巧、情、快”6个字。走上戏曲道路以来，毛爱莲共演出了130多部剧目，代表作有《火焚绣楼》《李双喜借粮》《白奶奶醉酒》等。毛爱莲凭借其高超的表演手法，精心刻画人物，为广大观众塑造了一系列的经典舞台人物，如《火焚绣楼》中的洪美荣、《无佞府》中的佘太君、《白奶奶醉酒》中的白奶奶、《李双喜借粮》中的董大妮等。许昌、漯河一带农村流传着“宁肯仨月不吃盐，也要看看毛爱莲”“看了毛爱莲的戏，一辈子不生气”的赞语。

1959年，毛爱莲赴北京汇报演出了《无佞府》《掉印》，她的演唱得到了京剧艺术大师梅兰芳的肯定。1965年，毛爱莲代表中南地区赴京演出《斗书场》，受到毛泽东主席、周恩来总理等国家领导人的亲切接见，并一起合影留念。1965年，她主演的现代戏《卖箩筐》《夫妻俩》被拍成电影。1981年，她主演的传统戏《白奶奶醉酒》被拍成彩色艺术片，并获得了长影“小百花”奖。

2008年6月，许昌越调被列入国家级非物质文化遗产名录扩展名录，2009年5月，越调表演艺术家毛爱莲被命名为国家级非物质文化遗产项目代表性传承人。

• 钧瓷烧制技艺 •

——七十二道出佳品

钧瓷之所以名贵，除了独特的窑变现象，还在于其制作工艺复杂、烧制不易。一件钧瓷从选料到烧成，共需要七十二道工序。其过程主要分为坯胎制作、匣钵制作、入窑烧成三大步骤。

一、坯胎制作

钧瓷坯泥主要用禹州当地所产的黏土制成，黏土是含有软土、黄干土、碱石、白土的多种微细土质的矿物混合体，具有一定的黏性和强度，可塑性极高，在经过风化处理和细磨之后，各种原料按比例合成，遂成钧瓷泥。钧瓷成型大致有徒手捏制成型、拓制成型和手拉坯成型。素烧是将已成型的制品，也就是还没有上釉的坯体入窑进行烧制的过程。素烧的温度在950摄氏度左右，素烧后的坯体叫素胎。釉是熔在陶瓷表面上的一层很薄的玻璃体，它和玻璃有很多近似的地方，但与玻璃又有一定的区别。钧瓷釉所用原料是由各种天然矿石和一些化学原料配置而成的，如长石、方解石、玛瑙石、氧化锌等。钧釉还有特殊的化学成分，以铜、铁为着色剂，在高温还原下烧制而成，并因窑内温度的变化，形成色彩多变、纹路奇特的效果。

钧瓷艺人正在制坯

二、匣钵制作

匣钵，俗称笼盔，是盛装钧瓷和保护钧瓷的容器，用耐火材料制成，其形状有圆形、锅底形等。烧制钧瓷时，坯体装入同形状的匣钵内重叠放置，可提高装窑的密度和窑炉的利用率，同时可防止钧瓷制品与火焰的直接接触及柴灰、煤烟的污染，可防止钧瓷产品釉色发暗和釉面落渣。

三、入窑烧成

钧瓷窑炉经过1 000多年来的演变发展，形成了繁多的结构类型，在不同的时代也具有不同的特点，其中，唐代的麻斗窑、宋代的双火膛窑、元明时期的马蹄窑都是以柴为燃料，特别是宋代钧窑形状之独特、结构之合理、性能之优良，在陶瓷历史上都非常罕见；清代炉窑又称鸡窝窑，以炭为燃料。中华人民共和国成立后恢复并发展的钧窑是以煤为燃料的。钧瓷制品造型一般有洗（如鼓钉洗）、炉（如三足炉）、尊（如出戟尊）、鼎（如千秋鼎）、钵（如罗汉钵）、瓶（如观音瓶）和碗、盆、杯、罐、碟、壶、托、盒等。

历代钧瓷制作大师众多，其中杨志、任星航被命名为国家级非物质文化遗产项目代表性传承人。

• 禹州药交会 •

——药不过禹州不香

禹州药交会和药材市场的历史可追溯至春秋战国时期。禹州战国时为韩国都城，侠客聂政在禹州刺杀了韩相侠累，本人也毁容自杀。其姐姐前往认尸，一番痛哭之后，伏尸自戕。后人为纪念姐弟二人的英烈壮举，在禹州城西关外建了一座聂政台，以悼念他们的义举。每年的阳春三月，人们自发地在此集结，举行隆重的悼念活动，形成了这里的古庙会。庙会进而演化成庙会市场，以经营山货和药材等土产品为主。到元朝时，该庙会演进为以药材专营为特色。到元代至元元年（1264），禹州“已成为药材汇集之区，填满街市……农家深山大壑采药者往来不绝”。当时会期自每年农历三月初十开始，持续到四月二十，达40天之久。明代药材市场规模进一步扩大，使得禹州富甲一方。

清乾隆十三年（1748），禹州州判何宏瓒将并存的密县洪山庙药会并入禹州市药交会，使禹州药材市场盛况空前。乾隆二十七年，何宏瓒更将每年一次的药交会增至春、秋、冬每年三次。会期之内“内而全国二十二省，外越西洋南洋，东极高丽，北际库仑，皆舟车节转而至”。据禹州怀帮会馆大殿前檐枋木上所绘金色卷发

禹州怀帮会馆

男女人头像和西洋风格的建筑等画意，也表明当时药交会之影响已远及海外。当时20个药帮组织，多达876家的药庄、药行、药栈和药铺遍布禹州大街小巷，建有四个气势恢宏的药帮会馆，形成具有鲜明特色的集民俗文化、医药文化、商业文化等多元文化为一体的文化体系，禹州也成为全国“四大药都”之一。

历史上，随着药交会规模的越来越大，仅靠会期经营已不能完全满足市场需要，于是有条件的外地药商便纷纷在禹州城内租赁房屋，建立商号，开设门面，常年经营。于是禹州药材市场便有了药交会期间的定期经营和以药庄、药行、药棚和药铺等为实体的常年经营两种形式并存。堆积货物数以百万计，登至垛顶可环眺四郊山川河流。为规避经营风险，药商之间自发地形成了其帮会组织——药帮。一是根据经营方式和规模，形成了“药行帮”和“药棚帮”。二是根据经营品种，形成有“甘草帮”“党参帮”和“茯苓帮”，以及经营成药的“丸散帮”。三是根据药商籍贯，形成了山西帮、怀庆帮、陕西帮、祁州帮、汉帮、宁波帮、江西帮等。据记载，当时禹州内有药帮20个，这些药帮规模大的一般由数十家商户组成。药交会期间外地来禹药商更多，也都纷纷加入了相应药帮。为了帮会组织活动方便，规范有序，同时也为了扩大影响，这些帮会又建了一些商会会馆。

随着市场规模发展，成交额也越来越大，动辄千万之多，清代中叶，钱庄便应运而生，可存可取，亦可长途汇兑，既方便了药商，又加速了市场运行。民国初年，这里尚有钱庄30多家。还有一种行当，俗称“跑行”或“经手”，又称“经纪人”，实质上是买卖双方的业务中介。这些经纪人一般由禹州本地人充任，他们置身于药市之中，往来于买卖之间，凭着丰富的经验，或看成色，或闻气味，或尝味道，或察质地，一经接触，便知药材之真伪优劣，加上熟悉行情，了如指掌，故买卖双方都愿通过中介快速成交。经纪人无须本钱，便可收取成交金额的3%作为佣金。此外，与药材市场相关的还有搬运、分拣、打包、编筐、织席、糊盒、合绳等辅助行业和饮食、旅店等服务行业，从业者更是众多。《禹州志》谓“城内居民十之七八，以此为生”。

改革开放以来，禹州药交会获得更大发展，1987年8月，禹州建成一座占地103亩、门面496间的新型中药材市场。1996年9月，经国家中医药管理局、卫生部和国家工商管理局验收，批准禹州中药材市场为国家级中药材市场。2002年5月，投资2亿元人民币的新禹州中药材市场落成，占地400亩，建筑面积25万平方米，以交易大厅为中心，具有1 640间商铺。经国家中医药管理局和工商局验收批准，它作为河南省唯一合法的中药材市场投入运行，年交易额可达10亿元。近年来，禹州市多次举办药王孙思邈医药文化节暨中国禹州中医药交易会，进一步扩大了禹州市医药交易的规模。与此相关，禹州的药材种植、采购、炮制加工、制剂、销售、信息服务，以及科研基地等也在近年得到进一步发展，促进了药材市场的繁荣。

• 董村木杆秤制作技艺 •

——人人心中有杆秤

木杆秤的产生和发展源远流长。170万年前，中华民族的祖先便有了量的概念，有了“比较测量”。由于商品交换的出现，便产生了早期的度量衡器具。度量衡中的“衡”就是指的“原始秤”。春秋中晚期出现了木衡、铜环权，战国出现了不等臂天平，公元前600年左右出现了提系杆秤。现在的木杆秤即由此发展而来。

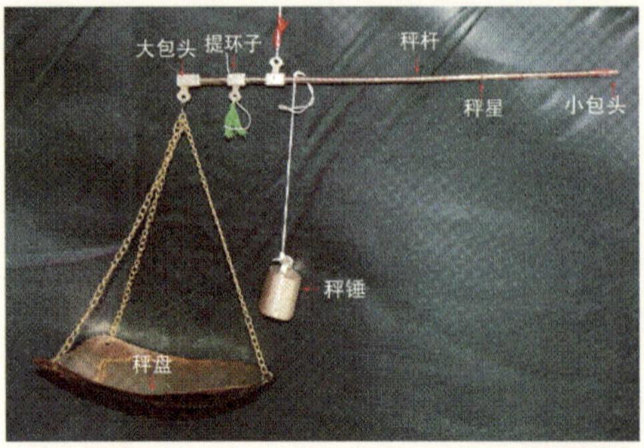

董村木杆秤

长葛市木杆秤的生产有近400年的历史。明末，公元1615年到1635年间，山西一位会做秤的王姓师傅移民来到长葛，先后在县东罗庄和吴岗村南小赵庄收徒传艺，开创了长葛手工制秤业。王师傅卒于长葛，葬在吴岗南大杨树下，至今坟墓犹存。长葛秤工尊其为祖师，逢年过节或祭祀的日子，都要给他烧纸钱。

木杆秤的制作工艺十分复杂和精细，共有选料、毛坯制作、刨秤、画线、找眼、钻勾轴眼、包镶秤头、扎勾轴眼、会勾轴、下眼、装鞍卡、安刀子、安秤环、校秤、放眼、上星、磨星、着色、检验等19道工序。比如选料，普通秤杆一般要选用树龄较长（30年以上）的枣树、杏树、梨树、核桃树、柿树等，以杏树居多，枣树为上品。果木质地坚硬，不易折断，日晒不变形，耐腐蚀，经久耐用。高档木杆秤则需用贵重木材，一般有紫檀、酸枣、花梨木等，以紫檀为上品。近年来秤秆所需的这些木材多是通过到苏州、杭州、上海、广州等地收购旧家具获得。戥秤骨杆则从内蒙古等地购买驼骨、牛骨制成。再比如上星，一般左手拇指和食指捏上铜丝，扎进钻好的孔中，右手持刀一下一下把铜丝割断，再用刀面把割过的铜丝拍平，以使其更加牢固。其他各道工序也都要求很高。

董村木杆秤具有做工精细、灵敏度高、量值准确、款式新颖、使用方便的优点，深受用户欢迎。

• 鄢陵古桩蜡梅盆景制作技艺 •

——无声的诗，立体的画

鄢陵蜡梅栽培历史悠久，盆景造型绮丽多姿，其中盆栽古桩蜡梅尤为珍贵。鄢陵古桩蜡梅盆景制作技艺工序复杂，制作精品时间跨度需几年甚至十几年。古桩蜡梅盆景以造型为本，其造型讲究古朴、苍劲，求其形态美，注重曲直得当，有层次感。此外，鄢陵古桩蜡梅盆景追求气势和神韵相统一，更加展现了蜡梅顶风傲雪、独显英姿的美感。

古桩蜡梅盆景制作主要分育桩、嫁接、修剪和上盆四个步骤。

育桩是根据蜡梅生长力强、根际萌生分枝多的特性而实施的。在自然条件下，蜡梅树的枝条几经砍伐，就形成了不平凡的古怪老根，可留几根壮枝，其余剪去，移入盆中，盆土采用肥沃疏松的壤土，老根疙瘩上多堆壅泥土，并保持潮润，使其成活。以后逐年换盆时渐渐剔土提根，逐渐形成苍劲古雅的树形。蜡梅嫁接可分为切接法、靠接法和腹接法三种，以切接法为主，通过嫁接可以培育优良品种。修剪宜在花谢后、发叶前进行。修剪的方法是先疏剪枯枝、过密枝、交叉枝、病虫枝及徒长枝，然后再将一年生枝条留基部2～3对芽，剪掉上部，促使萌发侧枝，以后新枝每长出2～3片对叶片之后就要进行一次摘心，促使萌发短壮花枝，这样就可多开花并使株形匀称优美。蜡梅在休眠期（叶落后、开花前）上盆为宜。因蜡梅性喜阳光，稍耐半阴，耐旱怕涝，要使其多开花，宜选用大型深筒花盆，并用疏松肥沃、排水良好的沙壤土做培养土，上盆时在盆底施入腐熟基肥。

上盆

• 禹州顺店刺绣 •

——飞针走线织锦绣

禹州市顺店镇刺绣业历史悠久。自宋代起，顺店人就开始煮茧抽丝，加工绸缎。由于丝织业的发达，有不少民间艺人开始利用本地产的汴绫、汴绸绣一些服饰，在长期的发展中，又吸收了蜀绣、湘绣等其他优秀的刺绣技艺，使其工艺更加精湛。明朝繁荣时期，仅镇区就有数十家丝货行、染坊，数百家机户、上千架织

顺店刺绣戏剧服装

机，数千名织工、绣工。“绿丝红绸银飘带，如林绣女飞针忙”，堪称当时丝织刺绣产业兴盛的生动写照。至康熙年间，沿许洛故道，刺绣作坊、店铺绵延五六里。清乾隆年间，这里的丝织刺绣业达到鼎盛，成为长江以北最大的丝绣品产地和刺绣产品交易市场，素有“中原刺绣之乡”的美誉。到清末时，顺店绣品小到小孩的鞋帽，大到百姓和官员的服装等，应用在日常生活的多个方面。顺店刺绣在民国时十分繁荣，绣品销往全国各地，有“家有千串（钱），不如顺店绣品一件”的说法。

顺店镇刺绣产品主要为古装戏衣、秧歌衣和工艺饰品，布料色彩绚丽，图案设计新颖，产品工艺精湛。以戏剧服装为例，其质料有大缎（硬料）和绉缎（软料）两种。颜色分“上五色”和“下五色”，上五色指红、绿、黄、白、黑；下五色指紫、粉、湖、蓝、香。样式有180种之多，以明代服饰为基础，吸收了历代特别是唐、宋、清服饰之典型。根据服装形状制作上的基本特征，可将其划分为蟒、帔、靠、褶、衣五大类。另外以文鸟武兽案来显示古代官员的品级标志，如清代官服，一品文官为仙鹤，二品文官为锦鸡，三品文官为孔雀，四品文官为云雁，五品文官为白鹇，六品文官为鹭鸶……公、侯、伯、驸马共用麒麟。

顺店刺绣之所以珍贵，除了工艺精巧、造型逼真之外，主要在于选色、制成非常艰难。顺店刺绣包括平绣、插绣、套针、乱针、滚针、游针等多种绣法。顺店镇手工绣具有平整细腻、色彩鲜艳和谐、针法多变的特色。

近年来，顺店镇的刺绣逐步由家庭作坊式生产发展到联户加工、专业化经营的新模式，出现了丝织绸缎专营户、古装戏衣专营户、寿衣专营户、秧歌衣专营户和刺绣工艺品专业户。顺店刺绣已经成为一项精品旅游产业，丝巾、手帕、窗帘、桌布等日用品和对襟唐装、小旦衣、秧歌新装等服饰备受青睐，成为人们留念、馈赠之佳品。

• 禹州中药材炮制技艺 •

——技术含量很高的学问

禹州不仅是全国药材交流集散之地，也是对药材进行加工炮制的中心地区。

禹州历史上高度发达的医药技术，长期稳定的药材贸易，促进了中药炮制业的不断发展，在药材的产地加工、挑选、去杂、切制、炮炙、保管、贮存等方面都形成了自己的特色，自古就有“药不到禹州不灵”的说法。

禹州中药炮制主要包含四个环节。

一、产地加工

产地加工是药物炮制的开始，也是保证药材质量的第一道环节。禹州地产药材的产地加工方法是很科学的，尤其是大个药材，采用硫黄熏的方法，加速了药材干燥，避免了生霉变质，而且硫黄具有杀菌、漂白作用，有利于药材保管贮存，并使饮片美观。在去外皮时采用竹刀刮皮，避免药材有效成分与铁等金属接触发生反

碾制

晾晒

应而丧失。硫黄熏法是禹州传统炮制的特色之一，在饮片水处理、切制和干燥等方面有着较广泛的应用。

二、药材切制

这一环节是根据药材性质及进一步炮制、鉴别、贮存和临床需要将原生药材切制成一定的片型规格。禹州传统切制中充分考虑了饮片切制的目的性，按形状分，有片、段、块、丝、条、粒等；按大小分，有薄片、极薄片、中片、厚片、米段、咀、节等；按进刀方向分，有横片、斜片、直片、平片等；按具体片型分，又有云纹片、铜钱片、柳叶片、帽片、纽扣片、线片、骨牌片、两头见刀两头齐片、三角片、胡牙片、腰子片等。不仅片形科学合理、美观，而且名字生动上口，易识易认，代表着发达的饮片切制技术和先进的饮片文化。

三、炮炙

除净剂、切制以外的其他炮制方法叫炮炙，一般通过加热的方法完成，分为炮、炒、炙、蒸、煮、煅等。炮炙的目的是改变药材的质地和性能，即古人传说的制其性、制其味、制其质。中药成分复杂，往往一药多效，在治病中不是运用其所有功能作用，而是根据病情进行选择，这就要求通过炮炙，对药材固有的性能进行取舍，或者改变、调整药性，使其更符合临床用药需要。禹州传统炮炙方法很大程度上体现了中医药的治病特点，一般遵循相反为制、相杀为制、相恶为用、相资为用等原则。

四、去毒

药物的许多成分既是毒性成分又是有效成分。对有毒中药的炮制代表着中药炮制的最高水平，也是中药炮制的重要目的之一。禹州传统炮制去毒的特点表现在：方法多样，去毒彻底；去毒药材范围广，品种多；存性多，疗效好；方法简便，费用省。

大周黄蜡制作技艺

——慈禧赏识的贡品

黄蜡又叫蜂蜡、蜜蜡，为蜜蜂腹部轮节状处之分泌物接触空气后凝结而成。

长葛市黄蜡制作始于明末清初，当时有一位杨老太用石板刻上模子，将融化的蜂蜡倒上，压制成巢础，后来用黄蜡制成的巢础就在养蜂中广泛使用。后人用巢础直接和蜂农换成蜂胚，加工蜂蜡，向外销售。据记载，早在清朝康熙、雍正年间，大周黄蜡就已行销黄河南北各省，河北及京津等地客商经常来长葛收购，或委托村民常年代收，一度作为朝廷的重要贡品。

大周镇和尚杨村村民杨三坡的祖上杨德清，1870年生人，自幼常年推小车前往开封府向朝廷送贡品，即优质黄蜡。为彰其所贡黄蜡，慈禧太后曾赏赐其“素金铜顶戴”和灰色长袍、黄色小马褂及中堂四扇屏一套等。据杨三坡妻子张宝莲老人讲，她本人自进婆家门，就开始从事黄蜡制作。其公爹杨德清十几岁就开始推小车游乡串户卖黄蜡，婆婆杨李氏在家制作，公爹外出卖蜡。由于长年经营黄蜡，手摸麻袋就能摸清袋内有无黄蜡，闭着眼扔一下，听落地声就能辨出是不是蜡。杨德清1925年去世后，家里黄蜡生意由其妻子杨李氏操持，三个儿子子承父业，代代相传，制作并经营黄蜡。

大周黄蜡

大周黄蜡以割过数次蜂蜜的蜂窝刮下的渣料为原料，通过熬制、挤压等工艺后得来，原料分为两种，一是旧巢础，也叫老胚，为蜜蜂采蜜用且割离过数次蜂蜜的蜂窝；二是小胚，为割蜜时刮下的渣料。整个制作流程有七八道工序，主要包括：收集原料、熬制蜡糊、装袋捆扎成垛、挤压蜡汁、冷却、再次熬蜡冷却、滤渣。过滤出的渣子再反复三次熬制过滤。最后的渣子在过去可当充饥物，现只做燃料，燃烧后灰渣可做肥料。

黄蜡熬制讲求火候，挤压务必用力均匀。好的黄蜡产品色正、质纯、光亮。

• 河街腐竹手工制作技艺 •

——金色食品出农家

许昌河街腐竹的生产始于三国时期，自公元前2世纪发明豆腐至公元2世纪曹丕在许昌称帝建立魏国，在这400多年间，河街豆制品已开发出多个品种，因其色泽、口感、味道及营养价值都不亚于肉类，大多为宫廷用品。皇亲贵族犒赏文武、宴请宾朋时宴席上的豆制品均要占一定比例。

据传曹丕迁都洛阳后，当时有一名御膳师傅叫张赖货，因一次在烹制御膳时出了闪失，曹丕龙颜大怒，要将其赐死。张赖货得知消息后，自洛阳向东南逃命，将近许昌边界时，想起当年给曹操煎药时与华佗的交情，心想与其死在一处，也不罔活一生，即使有后人来祭，也有我的一炷案香。等他赶到华佗墓（现建安区苏桥村）前时，看到的只有孤冢一座，四周苍凉，提了一身的劲散落下来，无奈信步南行，想找人家讨口饭吃，来到一小村落（现在的建安区河街乡沟王寨村），因饥寒交迫，晕倒在了村口，被一柴姓人家救至家中。

腐竹成型

当得知其是外逃御厨时，柴某怕连累家小，不敢再留其在家中，对他说：“救你一命算我们有缘，但你要体谅我的难处，如有官兵追查至此，吾一家老小性命休矣。现我村后有一小庙，暂无香火，你不如从我这儿拿些被褥和粮食到那里暂住，对任何人不要提及此事。”

随后张赖货隐姓埋名在小庙安家落户，后来想起自己的厨艺，便从村里借来豆子做些豆腐皮、豆筋之类改善一下生活。因豆腐皮吃不完时不易存放，扔掉太可惜，便想造出一种易存放且一年四季都能食用的豆制品。于是张赖货在原来制作豆腐皮的基础上，把豆腐皮卷成柱状，凭其略有的韧性和筋度折叠后，放在干净的柴草上或悬挂于院内晾晒。经过日照或风干后，放于阴凉干燥处保存。有时放在地窖或井窖内，等过节或喜庆的日子拿出来食用。就这样，腐竹的做法慢慢在本村传开，又在河街乡范围内慢慢扩散。

腐竹的制作和豆腐一样，需经泡豆、磨浆、过滤、煮浆、提皮等工序，但腐竹不用任何凝固剂，其生产制作关键是煮浆和提皮。就是将豆浆煮沸至100摄氏度之后，要让其冷却至85±5摄氏度，这时豆浆上面会出现一层光亮、很薄的半透明“油皮”，将这层油皮揭起来，挂杆烘干即成腐竹。

• 档发手工制作技艺 •

——顶上时装巧手制

许昌档发手工制作技艺已有上百年的历史，所用工具主要有拉床、箅子、尺子、镊子、大小梳子、铡床、钳子、拍板、吊钩、剪子和线绳。其工序主要有以下几步。

一、蒸洗

蒸：在蒸锅里加足量的水，放上笼箅，将头发一层层均匀地铺在笼箅上，盖上盖子蒸60~90分钟。蒸的时候，千万不能将水熬干，否则头发会蒸糊、弯曲。洗：用40~50摄氏度的温水洗涤，每50千克的水里加苏打粉500克和烧酒少许，把蒸过的头发散开放入温水中，不停地翻动，30分钟后捞出，用清水冲洗，冲洗后拧挤发束控水，然后摊开晾晒，晾晒至九成干收起。

二、撕挂

撕：将蒸洗晾干的头发撕乱，使头发不成批儿、不成绺，否则拉出的头发含档不均。同时，要把其中的白发挑出来。挂：把撕乱的头发挂到单箅上，挂乱发时两端要抽齐。

三、拉拔

把头发从单箅上取下，一层层铺到拉床的底箅上压实，然后将上箅对准下箅压紧，把头发牢牢卡在双箅之间。用镊子先将一端拉齐，即一档发。把一档发铺到箅子上，再拉另一端，即二档发。按照拉床上的档距，从长到短，依次往下拉，先拉出20英寸（1英寸=2.54厘米）的、18英寸的，以此类推，最后拉出4英寸、3英寸的。拉在手中的头发，如果够一把的数量，随即扎把，分档放置。

拉档时，使用镊子要求做到稳、准、狠。稳即不慌不忙、一下一下地拉；准即从一边起头、循序拉出，不能这边一下、那

档发制作

边一下；狠即握紧镊子，用力拉出不能犹豫。拉发丝的时候，双手要紧密配合，一手拉，一手接，接过头发要紧握，否则随手拉出、随手脱落，前功尽弃。

四、梳拍

头发经两档拉出后分档归类，将同档的头发合成标准把，用梳子梳理通顺，再用布包裹起来，包裹时露出一寸发头，用小拍板均匀有力地拍打把头，把发头处的头发拍齐，个别头发没有拍齐，则抽出来。最后，把头发扎起成束，即可上吊钩。

五、扎档

将发把挂在吊钩上，自上而下将发束捋紧，按照扎把规格标准扎线道，扎完线道，用钳子将扎线收紧，打成死结，以防止发丝上下移动。扎过线道的发把，要粗细适中。扎线道要均匀一致，各个档次的标志要扎全，让人一看就明白是几寸的档发。

六、铡切

把分档后的发束放进铡刀里铡切，铡切时一定要按照铡床上的刻度和上下留头的标准，按紧发把，猛力铡切，不齐者用剪子修整。

档发质检合格后即可装箱。

• 葛天氏传说 •

——音乐之祖在长葛

葛天氏是传说中与伏羲氏、神农氏齐名的我国远古时期重要的部族首领，是著名的神话英雄，是重要的创世大神和文艺大神，在我国文化史上具有十分重要的地位。长葛市是传说中葛天氏部族的繁衍生息之地，至今仍生活着上万相传为葛天氏后裔的葛姓居民。

长葛市迄今流传着大量与葛天氏相关的民间传说，留存着大量相关“遗迹”、祭祀仪式。民间歌谣《俺的祖先是葛爷》

《中国古代音乐史》中有关葛天氏的记载

唱道："俺祖先，叫葛天，家住大平原，逮鱼下溢水，打兔上陉山，教人种五谷，织葛做衣衫，吃饱穿暖玩得欢。"语言质朴、生动鲜活，在长葛流传甚广。

葛天氏传说内容丰富，影响广泛，涵盖节日、礼仪、祭祀等重要文化生活内容。葛天氏"操牛尾，投足以歌八阕""千人唱，万人合，山陵为之震动，川谷为之荡波"的《葛天氏之乐》，开启了人类歌舞艺术的先河，揭开了中华民族文化艺术的历史帷幕，对后世民族艺术传统的形成和发展具有深远影响。

• 莲花灯舞 •

——少儿的集体舞

莲花灯舞，又名荷花灯舞，是清末产生于长葛民间的一种庆丰岁的儿童集体舞。除每年灯节举行隆重的莲花灯会，或杂以狮子、龙灯、竹马、旱船等进行活动外，也在乡村古刹大会时，应邀出外演出，每年农历十月十日都要照例赴嵩山中岳庙演出。

据《长葛县志》记载，莲花灯舞系清光绪二十六年（1900）在京城礼部做官、后弃官归隐的长葛人刘盘石所创。刘盘石每年灯节常为儿孙们制作形若莲花之灯，置烛于内要之。邻里众童视而羡慕异常，各求其家长仿制，久之则刘家胡同莲花灯愈来愈多。每年灯节众童擎灯云集街头，因人多相互碰撞而哭闹不止，刘盘石就教众童以各种舞步，走出各种队形，从而自然形成了舞队。后有热心者邢富安、张喜等人出面，于光绪二十八年第一次成立了长葛县童灯会，逐渐加锣鼓伴奏而形成了莲花灯舞。

莲花灯舞扮相

莲花灯舞来自民间，扎根群众，往往是孩子跳，大人看，台上台下一家人，深受广大群众喜爱。灯童多在十二三岁，舞队人数不一，一般都在12人以上，多至二三十人。舞步有莲步、碎步、搓步、跑跳步等；队形变换有二龙出水、双龙交会、倒扣连环、火龙闹海（亦叫滚灯）、五龙摆尾、金蝉脱壳，亦可以灯构图、摆字，如太极图、国泰民安、五谷丰登、天下太平等。舞者头戴荷花巾，外套小额子，上缀绒球，还在额头上插花一朵，上嵌小水银圆镜一面，上身着和尚领镶边素衣，腰系彩绸，下穿灯笼裤，足蹬薄底绣花缀缨彩靴，手端小巧玲珑形若莲花的纸糊灯笼两盏，内燃油灯捻或置烛于内，起舞时灯镜相映闪闪发光，恰似银星闪烁，给人以繁星映水之感。

• 南席老虎舞 •

——静若雕塑动如风

南席老虎舞始创于唐代天宝年间，在长葛、洧川、鄢陵等地周边区域广为传演。

传说唐时有几位宋姓猎人猎杀了一只老虎，他们剥下虎皮、吃掉虎肉之后，觉得虎皮好看，就披在身上即兴跳动、追逐玩耍，甚是好玩。后来，他们便在五谷丰收和年节之时披上虎皮玩耍，用于庆贺、驱邪、嬉闹、逗乐，常招来众多的人观看。这便是老虎舞的创始和起源。

随着时代的发展和变化，老虎舞得到了有效传承和发扬光大。但由于年代久远，到宋代时，前辈人传下来的老虎皮已经破烂不堪，不能正常使用，于是人们便用竹木扎成虎头，用黄彩布蒙上，画上虎脸、虎眼、虎须和虎耳，又用布制成虎身，最后在虎头、虎身上描绘黄黑相间的斑纹。竹木布老虎皮制成以后，扮演老虎的演员就两人合作，手擎虎头，顶上虎身共同进行表演。表演时有大型铜器伴奏，枪铳鸣响，场面十分热闹。

到了元代，老虎舞的道具和节目都有所改进，除拥有两只大老虎道具外，还新增添了两只小老虎皮道具，演出节目有猛虎下山、老虎上山、虎戏龙圈、武松斗虎等。每次老虎舞演出，都会吸引来数以百计的人观看，锣鼓声、爆竹声震天响亮，此起彼伏，老虎舞舞得活灵活现、生动逼真，喝彩声络绎不绝。

老虎舞

明清时期，老虎舞的演员阵容不断扩大，由起初的十多人逐渐发展壮大到二三十人，到中华人民共和国成立以后，演员阵容达到四五十人，其中以敲打铜器伴奏者为最多。

• 禹州弓子锣舞 •

——大铜器舞的分支

弓子锣舞是禹州稀有的民间舞蹈之一，由禹州文殊坡街村铜器社首创。弓子锣舞起源于清代乾隆年间（1744—1795），距今已有200多年的历史。据1978年出土的坡街村关帝庙碑文记载，坡街村铜器社在明朝万历年间（1573—1619）已经形成，最初只是一些小型铜器，大约有20来人。顺治年间，当地民间艺人觉得小型铜器缺乏

弓子锣舞

鼓舞人心的力量，就把小型铜器改成大型铜器。他们定制了四面大鼓、八面大锣、四对大铙、四对大钗。小型铜器变成大型铜器以后，虽然声音浑厚，气势浩大，但在表演时由于铜器太大，表演者需要换人等原因，常常出现凉场和混乱现象。为了增强铜器表演时的节奏感，克服凉场和混乱现象，老艺人经过商量，决定增加两面小马锣，由演奏者提着来回在乐队中游动敲打。哪里出现凉场、混乱，小马锣就往哪里打。老艺人们后来又发现，这样提着小马锣在铜乐队中来回不停地敲打，既费力又不美观，于是就用竹片弯成弓形，把小马锣挂在弓子前部，这就是最初的弓子锣。表演时演奏者把弓子锣背在背上，腰中束红绿彩绸，弓子插在背后的绸子里，经肩至前面，左手握弓子锣，右手握小锤击打马锣，利用弓子的弹性上下飞舞，既省劲儿又好看。弓子锣从外形上看很像飞龙，又像凤凰。老艺人根据这些特点专门设计了舞蹈动作和队形。后来，发现两面弓子锣人员少，舞蹈单调，不够热闹，于是又加进两对手钗，把敲边鼓的指挥也充实到了弓子锣舞蹈之中，这就形成了今天的弓子锣舞。

弓子锣舞是一种集铜器演奏、舞狮及舞蹈表演于一体的民间传统舞蹈表演形式，是中原地区的稀有舞种。

• 艾庄铜器舞 •

——农民的狂欢舞

艾庄铜器舞始于清朝中叶，流行于建安区艾庄乡一带，人数不限，少者30人，多者30余人。演出时，队前设各色绸制三角牙旗20面，旗杆丈尺，旗面5丈，排列左右；另设缎锦旗一面，右上角书“××县××村”，中书“××社（会）”。起舞时，火铳轰鸣，鞭炮不断，鼓、锣、铙、钹、镲各持一色，随着锣鼓节奏的疏密和力度强弱，演出者走出不同舞步，变换各种画面。高潮时抛槌、举锣、飞镲、扬钹，边打边舞，其舞姿古朴典雅，粗犷奔放，气势恢宏。

艾庄铜器舞

• 石固肘阁 •

——空中芭蕾

肘阁是中原民间艺坛的一枝奇葩，始创于清朝康熙年间的长葛市石固镇中岳店，300年来，在当地代代传演，经久不衰。中岳店村历史悠久，境内建有中王庙，道教文化浓厚。肘阁会与道教文化祭祀活动有着深厚的渊源。清初就有肘阁会，每逢三月十八中岳庙会，中岳店村就全村出动在中王庙举行盛大的祭祀活动。中岳庙的肘阁原名叫抬阁，最先是由4个人直接抬一张桌子，让表演人员站在桌子上表演。后来发展到用两根木棍绑在桌子上，像抬花轿一样由4个人抬着桌子让表演人员在上面表演。后来村西头有一个姓张的青年，爱动脑筋，喜爱玩耍，为使节目更精彩动人，就在他家的铁匠铺里亲手打造了一架肘阁架，上面坐上小孩，自己肘着，迈着丁字步，扭着走着，带动上面的孩子也跟着他扭，吸引了好多村民围观。有好多好奇的年轻人纷纷争着玩耍，觉得好玩。后来经过多次改造修正试玩，终于制出了一架美观的肘阁架。抬阁也就由此改名为肘阁。每到春节，人们就搬出肘阁架展示玩耍，再与村里原有的狮子、铜器汇聚在一起演出，受到了广大村民的欢迎。

石固肘阁是中原一带最有特色的民间舞蹈之一，也是中原地区民间春节社火活动的重要组成部分，集历史故事、神话传奇于一体，融绘画、戏曲、彩扎、纸塑、杂技等艺术为一身，被人们称为“无声的戏剧”“空中芭蕾”，享有“中原独秀、华夏一绝”的美誉。

• 杜寨书会 •

——中原曲艺一枝花

位于建安区苏桥镇的杜寨村，每年农历正月十三都要举办一年一度的中原曲艺盛会——杜寨书会。

杜寨书会源于感恩。相传大约2 000年前，这里已经成为村落，村周有沟河环绕。有一年正月十三，刘秀被王莽追杀至此，处境十分危险。有一位说书艺人把刘秀藏到村北一芦苇坑里（传说到现在那里的芦苇叶上还留有被刘秀用手抓过的四个手指印），躲过了这一灾难。后来，刘秀称帝，为了报答说书艺人的相救之恩，就委派当地一富户，每年正月十三召集各地说书艺人到此聚会，展示技艺，亮书，卖书。所有来此的说书艺人都管吃、管住，提供各种方便，若有卖不出去的书（即无人请去有偿演出），还要送返程路费。年复一年，这里就成了说书艺人们的亮书、卖书场，术语叫书会。到会艺人来自河南、山东、安徽、江苏、湖北、四川、陕西、甘肃、河北、辽宁、山西等省的100多个县市，艺人组织有师徒班、父子兵、夫妻档等，曲艺种类有坠子、评书、大鼓书、柳琴、三弦等10余种，演出内容有传统剧目，也有艺人们自编自演的现代剧目。

杜寨书会是在固定时间、固定场所举办的民间曲艺说书艺人进行艺术贸易和交流展示的传统集会形式，分“赶会”“亮书”和“写书”三个基本活动环节。过了春节，从正月十一、十二开始，各方的说书艺人就陆续来到杜寨，准备赶正月十三的杜寨书会。正月十三这天，在杜寨村南的中心会场上，成百上千名曲艺艺人负鼓携琴，以天作幕，以地为台，打起简板，拉起琴弦，说书竞艺，期待“写书人”前来“写书”（即请说书艺人去演出）。周围百里村民，也身着彩装，扶老携幼，从四面八方络绎不绝前来听书赶会。各类商贩也来此进行物资贸易、洽谈，所以书会同时也是物资贸易会。

仁义巷和无梁镇

城市名片

——独具特色的地域文化

一个国家、一个民族、一个地方、一座城市，都有自己独特的文化。许昌作为一座历史文化名城，不仅文化积淀深厚，而且内涵极为丰富。

从以上各章的叙述中，人们可以感受到曹魏文化的厚重博大、钧瓷文化的瑰丽神奇、花卉文化的多姿多彩，还有许由文化、大禹文化、关公文化、烟草文化、中药文化，等等。这些文化资源是祖先留给许昌人的宝贵财富，是中华民族的重要历史遗产，是中华民族优秀传统的有机组成部分。

• 曹魏文化厚重博大 •

汉末董卓之乱后，曹操由兖州进入豫州。建安元年（196），进击颍川、汝南二郡，在基本控制这一地区后，便以许县（今建安区张潘镇一带）为据点经略附近地区，并迎汉献帝定都许县，许县就成为建安年间全国的都城。曹操取得了“奉天子以令不臣”的政治地位，于是以许昌为根据地，南攻张绣，北抗袁绍，统一了中国北方，得到颍川郡百姓的支持。曹操与袁绍在官渡相持，颍川郡“丁壮荷戈，老弱负粮”，投入了战争。又“修耕植以畜军资”，采纳颍川人枣祗的建议，在许县实行屯田以解决军粮问题。及曹操病死，曹丕即魏王位，在许县繁城举行禅让仪式，代汉称帝，建立了曹魏王朝。

汉献帝和曹魏在许昌虽然仅有短暂的25年，却是人们熟知的中国历史上斗争非常激烈，也是非常精彩的25年。作为当时中国北方的政治、经济、文化中心，许昌吸引了众多的豪杰之士，他们与曹氏父子一起外定武功，内兴文学，广揽人才，屯田积谷，东征西讨，克平群雄，抗击吴蜀，演绎了一幕幕风云变幻的历史大剧。以“三曹七子”为代表的文人在许昌吟诗作赋，创造出了慷慨悲凉、刚健沉雄的建安文学，开创了中国文学史的新篇章。曹魏政权在许昌奠定了政权基础并达到鼎盛。如同一段经历会影响一个人的一生一样，这段历史散发出来的巨大磁场在很大程度上左右了许昌人自彼时起1 800年来的人文情感、观念性格。这段精彩的历史，不但成为中华文化的重要组成部分，而且对我们的民族性格产生了重要影响。三国历史为后来的中国人所耳熟能详，从中延伸出的多种文化形式在社会的各个层面广泛传播，每个时代都给予新的解读，并不断丰富和发展。

乱世英雄

从现在的许昌城区向东南行进15公

曹丞相府

汉魏许都故城遗址

里，即可到达曹魏故都遗址。这是一方明显高于周围原野的岗地，曹操当年所筑的祭天之地毓秀台矗立在汉魏故城之南，比同为祭天之所的北京天坛早了1 000余年。站在毓秀台上放眼望去，土地平旷，房屋俨然，这景色千年不变，千年之前的历史也仿佛从未走远。走下毓秀台，在许昌大地上能找到太多的曹魏遗迹，像受禅台、春秋楼、灞陵桥、射鹿台、华佗墓、张公祠、曹操割发代首处、张辽城、永始台、愍帝陵、伏皇后墓、董贵妃墓、张潘二妃墓、八龙冢、王允墓、马腾墓、曹彰墓、郗虑墓、徐晃墓、夏侯渊墓、夏侯惇墓、毛玠墓、贾诩墓、徐庶之母墓等，还有那一个个用“营”“屯”来命名的村庄，都可以追溯到当年曹操屯田时官屯民屯的历史。

文艺作品的影响力也是巨大的，名著《三国演义》的120回中，有52回172处涉及许昌；境内源于三国史实的乡村地名近百处，大量带着三国烙印的民俗、民风已深深融入百姓的日常生活中。许昌人在正式的酒席上，入席者一定要先碰三杯，酒席才算正式开始，寓“桃园三结义”之意，以示真诚。酒桌上划拳，喊到“三”，一定要喊成“三桃园”。在许昌地域之内，随处可见以曹魏文化命名的新建道路、建筑、商铺、企业、学校，如许都公园、建安大道、魏武路、魏文路、议台路、三国

华佗墓

大酒店、建安中学，等等，曹魏文化已经作为一种底色铺进了许昌人的个性之中。纵然《三国演义》“尊刘抑曹”思想广为传播，许昌人却不为所动，曹操在许昌人心目中是个有着雄才大略的英雄。许昌人民敬仰他、佩服他，专门在市中心建造了气势恢宏的魏武广场和曹丞相府，供人们参观、游览、瞻仰，发思古之幽情，慕英雄之伟业。

许昌人崇尚曹操长远开阔的战略思想、昂扬积极的人生态度、坚忍顽强的进取精神、唯才是举的宽广胸怀、重武兴文的雄才大略和慎思敏行的务实作风。在当代，这种崇尚转化成了一种解放思想、创业创新、开放和谐、务实争先的许昌精神。作为千年古都，许昌没有其他古都普遍存在的自封、恋旧的城市文化，而是处处充盈着活力。许昌的民营经济发达，有“河南的温州”之称。许昌的地域面积、人口数量在河南省排名靠后，但许多经济和社会指标却连续多年居于全省前列。在许昌人的谈话中，总能听出进取心、自豪感。

因为以曹魏文化为代表的三国文化在许昌的广泛存在，2006年，许昌市被中国民间文艺家协会授予“中国三国文化之乡”的称号。自2007年起，这里每年都要举办规模盛大的三国文化周，邀请国内外的知名学者纵论曹魏文化，并相继发行多枚三国文化邮票，进一步扩大了许昌作为曹魏故都的知名度。曹魏文化不仅在国内，而且在亚洲乃至全世界都有着广泛的影响。

• 钧瓷文化瑰丽神奇 •

钧瓷是我国陶瓷中的珍奇瑰宝。因其观之如景、叩之如磬、纯净典雅、璀璨晶莹、形神合一、瑰丽多变而价值连城。人们将它与玉器、黄金并列，有“钧和玉比，钧比玉美”“黄金有价钧无价”“家有万贯，不如钧瓷一片”之说。明宣德八年（1433），郑和下西洋，曾携带钧瓷在各国展出和赠予各国国王。1915年，在美国旧金山举办的巴拿马运河开航万国商品赛会上，展出钧瓷16种，当时轰动世界。北宋靖康元年（1126），金兵入主中原，钧瓷生产因战乱而毁。后民间艺人和地方

鸡血红的传说

钧瓷博物馆

官员为了各自的利益，有过恢复钧瓷生产之举，但历经曲折，均未真正成功。

中华人民共和国成立后，钧瓷生产进入了新的历史时期。1956年，神垕第一瓷社经过艺人们180多次试验，终于烧出窑变钧瓷。1977年之后，钧瓷生产规模不断扩大，技术水平日益提高，产品销售空前繁荣，中外客商接踵而来，上乘之品供不应求。钧瓷不仅畅销国内，还远销亚、欧、美、澳等30多个国家和地区，品种多达300种。到了20世纪90年代中期，禹州钧瓷研究所成功研发出液化气烧制技术，代替了从20世纪五六十年代一直沿用的煤烧。这个技术不仅大大提高了钧瓷的成品率，而且也打破了“钧不过尺”的说法。1999年，苗家钧窑将一件两米多高的钧瓷作品送给云南世界园艺博览会作为礼品。其他窑厂生产的钧瓷也开始作为国礼在各种外交场合频频亮相。钧瓷艺人们各展绝技，在工艺、造型、釉色和烧制方法上不断进行创新，形成了各种各样的钧瓷流派。2003年，钧瓷在五大名瓷中率先获得国家原产地域产品保护，这既是钧瓷文化里程碑式的总结，又是钧瓷通向更广阔天地、获得更长远发展的通行证。从2003年起，禹州钧瓷连续四次被作为国礼，通过博鳌亚洲论坛赠送给各国政要；一大批钧瓷珍品被国家博物馆、故宫博物院等收藏；2009年5月，胡锦涛主席访问日本，钧瓷作品《和樽》再次被选作国礼东渡日本。

钧瓷文化来源于陶瓷的起源、发展与繁荣，钧瓷的发展、繁荣又带动了钧瓷文化的生成、发展与繁荣。钧瓷之所以能在禹州兴盛并发展，除了独特的自然条件以外，还有着特殊的时代文化背景。钧瓷兴盛的宋代，许昌距离京都汴京较近，是首都南下的重要通道。宋徽宗笃信道教，崇尚古风。宋瓷以天青色为贵，天青是天的颜色，也是道的颜色。老子说“天得一以青”，得一即得道。宋徽宗好古，当时的钧瓷多仿照周代青铜器、玉器的形状。另外，南宋之初，迁无定所，但“国家大事，惟祀与戎”，祭天大事是不可荒废的。在动乱中，祭器由运用青铜器、玉器变通为陶器和木器，也是钧瓷兴盛的重要原因。此外，瓷器形状含蓄、沉静、温柔、敦厚的风格，也深深契合儒家的审美规范。钧瓷工艺精湛，色泽美观，器型多变，朴实简洁，造型无定体、定法。尤其是通过窑变和开片等，不追求独特，却创造无数器型，不追求色彩，却创造无数色彩，体现了中国美学的中和之美，与宋代崇尚道家“天人合一”、道法自然的主流审美意识相吻合，成为朝廷推崇和民间喜爱的无价之宝。

钧瓷在1 000多年的创造、发展、完善中，形成了独特的钧瓷艺术，同时也在民间形成了美妙的传说，又繁衍出诗歌、散文、故事，形成了独特的钧瓷文化。这种浓郁的地域文化，集中反映了人民群众的创造精神和向往崇高、追求真善美的思想境界。陶瓷由独特的窑变而名扬四海，因举世无双而走出国门。在西方文化巨人的名著中，也多有描述。莎士比亚、巴尔扎克、托尔斯泰、歌德、普希金的小说、诗歌中，都有对中国瓷器的盛赞，把中国花瓶描述为一家一地最珍贵的艺术瑰宝，甚至与拉斐尔、凡·高的绘画相提并论，显示了陶瓷在西方的艺术价值。西方称中国为“China”，就蕴含着瓷器艺术至高无上的寓意。在当代，钧瓷更是声名远播，越是西方发达国家，越是向往中国独一无二的钧瓷艺术。不少国家因陶瓷弥足珍贵而想得到其生产技术、配料比例及造型烧制方法，但终因原料、气候环境等因素而不能获取，这一方面充分显示了钧瓷艺术的独特性，另一方面也说明了钧瓷及钧瓷文化的巨大影响力。

2001年以来，许昌市在禹州相继举办了多届中国钧瓷文化旅游节，吸引全世界的钧瓷爱好者来此观光游览，进行陶瓷生产技艺和陶瓷文化的交流，进一步扩大了钧瓷的影响。如今，钧瓷已经驶上了文化产业化发展的高速公路，形成了光彩夺目的钧瓷文化产业。钧瓷的生产厂家发展到80多家，从事钧瓷生产、销售的从业人员达到3万人。钧瓷销售网点遍布北京、广州、郑州、西安等20多个大中城市。2009年，河南省又把禹州确定为8个省级文化改革发展试验区之一，古老的钧都再次焕发出勃勃生机。

• 花卉文化多姿多彩 •

许昌生态文化的核心是鄢陵花木。鄢陵地处亚热带和北温带的过渡区，是“南花北移，北花南迁”天然的驯化基地。

鄢陵花卉生产始于唐，兴于宋，盛于明清时期。明代称鄢陵为“花都”，清代誉为“花县”。据考证，唐代时鄢陵已有园林。相传，三朝宰相姚崇曾在姚家村植花弄草。宋至明清时期，鄢陵是南北交通要道和农副产品集散地，促进了花卉生产的发展与繁盛。北宋仁宗年间，不少达官贵人在这里辟园筑圃，一时婀娜多姿的花木遍植鄢陵。南宋至元时期，几经战乱，花卉种植衰落。明代永乐以后，天下太平，花卉生产又迅速恢复起来。据明嘉靖《鄢陵县志》记载，鄢陵“花卉名品甚多，县城为千姿百态的花木环抱，四邻

鄢陵中原花木博览园

许昌西湖公园

尽为园林”，后又发展到远郊乡村，一年四季花香遍地。清初，因战乱园林无主被毁，但康熙之后很快得以恢复。当时鄢陵花卉行销全国，名花一株值白金一锾（一锾约等于旧制6两），不仅成为达官贵人互赠的厚礼，而且鄢陵蜡梅还被作为贡品献给皇室贵族。

鄢陵蜡梅栽培历史悠久，品种繁多。唐代以来，境内以今柏梁镇姚家村为中心，辐射方圆数十里，村民多以种植蜡梅为荣。一株株蜡梅根植于农家庭院，踏雪赏梅成为当地百姓寒冬腊月的生活趣事。蜡梅傲霜斗雪、顶风迎寒、纯洁质朴、晶莹剔透、超然独立、生机盎然的性格，也深深影响着当地的民风。文人墨客吟咏蜡梅，丹青妙手描绘蜡梅。动人的民间故事与传说，本土的民风与民俗都与蜡梅结下了不解之缘。许昌千余载的蜡梅栽培史，可以连缀成一部丰富多彩的蜡梅文化史。植物学专家、民俗文化学专家指出，这里是中国最著名的蜡梅栽培中心，有着蜡梅品种的完整性；形成了深厚的蜡梅文化底蕴，具有群众基础的广泛性；蜡梅已成为当地民众生活中不可或缺的物种，具有民风民俗的延续性。蜡梅文化是最具文化特色的本土文化。

中华人民共和国成立后，特别是改

鄢陵五彩大地

革开放以来，党和政府采取措施扶持花卉生产，鄢陵花卉生产迅速发展。2016年，花卉种植面积已达65万亩。在政府的扶持下，花木的种植、培养、销售实现了标准化、科学化和市场化，鄢陵花木产业迈入现代化的发展阶段，并开始走向全国、全世界。1988年2月，美国林肯纪念馆为了美化馆景，慕名派特使来华引进鄢陵蜡梅，24株精品蜡梅越洋过海，落户华盛顿。1996年冬，9株花蕾多、花色艳、花香浓的鄢陵蜡梅被移植到中南海紫光阁，为首都增添了新的生机与光彩。“走进花园不用问，都是鄢陵姚家人。”如今鄢陵花工遍布全国各大城市，有的还走出国门，在欧洲、亚洲、非洲一些国家担任花工技师，赢得了国际友人的交口称赞。

现在，鄢陵已成为我国北方最大的花卉生产、销售基地和南北花卉交流中心，并开始向周围的建安区、魏都区及长葛扩展，使许昌市的花木总面积达到85万亩，形成了绿化苗木、盆景盆花、鲜花切花、草皮草毯四大系列2 300多个品种，年产值40亿元。全市已经有各类花木公司800余家、花木生产专业村122个，并形成了完善的花木生产销售体系，花木交易场所达到389个。鄢陵县先后被命名为“全国花卉生产示范基地”“全国重点花卉市场”和“中国花木之乡”。

以花为媒，打生态旅游牌，是许昌借花生财的又一得意之作。为了扩大许昌生态文化的影响，自2001年以来，许昌在鄢陵共举办了16届中原花木交易博览会。相继开发的国家花木博览园、温泉度假区、花都庄园等20多个景区连珠成串，茶膳酒

东城区河湖水系景观

芙蓉湖晨曦

楼、休闲会所遍布其间，花乡农家乐、樱桃采摘游、秋实打枣游等一系列具有浓郁花乡风情的生态旅游项目，为当地聚集了人气、打响了名气、带来了财气。如今的花木产业，不仅是许昌发展的特色产业，农民增收的“铁杆庄稼”，而且成为生态建设的新鲜血液。走进鄢陵，入目皆花影，处处尽芳菲，如同走进了一个植物王国。与此同时，许昌市委、市政府认真贯彻落实科学发展观，坚持不懈地实施碧水蓝天工程，全市的生态环境明显改观，生态效应开始显现。